これで差がつく！

勝つ剣道 上達のコツ55

士八段

修

改訂版

メイツ出版

はじめに

国士舘大学では、切り返しの時間を非常に多く取っています。正しい切り返し、竹刀の振り方は、剣道における基本であり、正しく竹刀を振る力がなければ、技が身につかないからです。竹刀を振る力とは、物打ちがしっかりと速く振れる力ですが、これが集約されているのが切り返しなのです。

本書では、さまざまな技を解説しましたが、正しくしっかり振れるという基本ができていないと、技を使ったときに一挙動で打突できません。また、物打ちの速さがないと、打突が弱く、有効打突につながりません。このことを理解し、技を覚えるだけでなく、同時に並行して正しく竹刀を振る練習も積み重ねていただきたいと思います。

また、技を身につけるには、修練、練習の積み重ねが必要です。そして身につけた技は、ぜひ稽古で使ってみてください。使ってみて何が自分に足りないのかを理解し、さらに勉強し、技を完成させていってください。自分の得意技を見つけ、試合で実践していくうちに、いい技、得意技が完成していくことでしょう。本書が、読んでいただいた方の活躍の場が広がる一助になれば幸いです。

右田重昭

第一章 先で打つ

第一章 先で打つ …… 7

01 払い面（表）
相手の剣先を表から払い、自分の剣先を中心から外さず、払った剣先が戻る前に素早く面を打ちにいく …… 8

02 払い面（裏）
裏からの払い面は、払う力が伝わらず大きく払えないので、右斜め上に払い上げて一挙動で打つ …… 10

03 捲き落とし面（表）
相手の構えが充分なら、竹刀を表から捲き落とし手元を崩せば、その瞬間に面が打てる …… 12

04 捲き落とし面（裏）
裏から竹刀を密着させ、攻め入りながら捲き落とし、相手の剣先が戻る前に瞬時に面を打つ …… 14

05 払い小手
剣先を下げて攻め入り、相手が崩れた瞬間に竹刀を右斜め上に払えば、小手が打てる …… 16

06 捲き上げ小手
相手の竹刀を捲き上げて手元を崩し、瞬時に小手を打ちにいけば一本が取れる …… 18

07 竹刀を押さえて小手（表）
表から剣先を押さえたとき、押し返してくる相手なら、押し返す瞬間に力を緩め小手を打ちにいく …… 20

08 竹刀を押さえて小手（裏）
裏から竹刀を押さえたとき、押し返してくる相手なら、竹刀を押さえた瞬時を逃さず小手を打ちにいく …… 22

09 払い胴
相手の竹刀を裏から大きく払い上げ、手元を大きく崩せば、その瞬間にあいた胴が打てる …… 24

10 捲き上げ胴
相手の竹刀を捲き上げ手元を大きくあけさせ、平打ちにならないよう注意して斜めに胴を打つ …… 26

11 払い突き（表）
正中線を取って真っ直ぐ入り、相手の竹刀を左下に払い、剣先をすぐに正中線に戻せば突くことができる …… 28

12 払い突き（裏）
表から中心を取って真っ直ぐ攻め、相手の竹刀を裏から払い上げ、手元を崩して隙を作れば突くことができる …… 30

13 捲き落とし突き
竹刀を密着させて攻め込み、相手の竹刀を捲き落とせば、充分な相手の手元が崩せ、その隙に突きを突くことができる …… 32

14 担ぎ面
竹刀を担いで相手を惑わせることで、心理的な隙へ導き、その瞬間に面を打つ …… 34

15 担ぎ小手
相手に面を意識させておき、攻め入って竹刀を担げば、迷いが生じ手元を上げるので、その瞬間に小手を打つ …… 36

16 担ぎ胴
相手に面を意識させ、攻め入って竹刀を担いだとき手元が大きく上がるなら、その瞬間に胴を打つ……38

17 飛び込み胴
遠間から大きく飛び込み、竹刀を大きく振りかぶって相手の手元を上げて崩せば、右胴を打つことができる……40

章末コラム 剣道上達の心得1……42

第二章 先の先で打つ……43

18 出ばな面（表）
竹刀を表から押さえ、相手が反応して出ようとしたら、最短距離で振りを小さくして素早く面を打つ……44

19 出ばな面（裏）
裏から押さえた出ばな面は、小手に注意しながら腰を入れて中心を取り、振りを小さく鋭くして打つ……46

20 出ばな面（下）
下を攻めたときの出ばな面は、相手に乗られないように腰を入れ、上から乗って一挙動で打ちにいく……48

21 出ばな小手（表）
表から竹刀を押さえて、押し返してくる相手なら、さらに攻め入って面に出ようとする出ばなに小手を打つ……50

22 出ばな小手（裏）
相手の心理を利用して裏から相手を攻め、出てくる瞬間に小手を打つ……52

23 出ばな小手（下）
下から相手を攻め、我慢できずに出ようとしたその瞬間を逃さず、小手を打つ……54

24 右胴
相手に面を意識させ、強く攻め入って手元が上がった瞬間に右胴を打つ……56

25 左胴
相手の出ばなに左胴を打つには、面を意識させて出る瞬間に、左に捌きながら両膝を相手に向けて打つ……58

26 表から攻めて突き
表から相手の竹刀を押さえ中心が取れるなら、さらに攻めて、相手が出る瞬間に突けば一本が取れる……60

27 裏から攻めて突き
裏から相手の竹刀を押さえ中心が取れるなら、さらに攻めて、相手が出る瞬間に突けば一本が取れる……62

28 下から攻めて突き
下から攻めて相手が上から押さえようとしたら、その瞬間を逃さず手元を戻しながら突きを突く……64

章末コラム 剣道上達の心得2……66

第三章 後の先で打つ …… 67

29 面すり上げ面（表）
面を見せながら相手を充分に攻め、相手が面にきた瞬間、体を右に捌きながらすり上げれば、面を打つことができる …… 68

30 面すり上げ面（裏）
相手を充分に攻め、我慢できず面にきたら、左に捌きながら裏からすり上げ、そのまま面を打つ …… 70

31 面返し面（表）
我慢できず面にきたところを、体を左に捌きながら竹刀の左側で返し、左拳を中心に右拳を返して右面を打つ …… 72

32 面返し面（裏）
面にこさせ、右に捌きながら竹刀の右側で返し、側面正対から相手の右面を打つ …… 74

33 面抜き面（表）
相手に面にこさせておいて、足捌きで右に捌いて抜き、相手に空を打たせれば左面を打つことができる …… 76

34 面抜き面（裏）
相手に面にこさせ、足捌きで左に捌いて抜き、相手に空を打たせれば右面を打つことができる …… 78

35 小手すり上げ小手
小手を見せて攻め入り相手に小手を打ちにこさせて、手首を右斜め前にすり上げ、小さく鋭く小手を打つ …… 80

36 面すり上げ小手
面を見せて攻め入り相手に面を打ちにこさせて、左に捌いてすり上げれば、空いた右小手が打てる …… 82

37 小手返し小手
竹刀を表から軽く押さえて攻め、小手に隙があるように見せ相手を小手に誘えば、それを返して小手が打てる …… 84

38 小手抜き小手
表から軽く押さえて攻め、小手を見せて相手に狙わせ、相手の小手を剣先を下げて抜けば小手が打てる …… 86

39 面抜き小手
中段の構えから下を攻め、面に隙を見せておいて面を打ち込ませて、左に捌いて抜き、小手を打つ …… 88

40 小手すり上げ面
相手の竹刀を押さえながら小手に隙を見せて意識させ、相手に小手にこさせれば、それをすり上げて面が打てる …… 90

41 面返し胴（表）
下を攻めて面に隙を見せ、相手が面にきたら、応じて返し右胴を打つ …… 92

42 面返し胴（裏）
下から攻めて面に隙を見せ、手元を右斜め前に出して相手の面を返せば、左胴が打てる …… 94

43 面抜き胴（右胴）
面に隙があると見せかけておき、相手が面にきた瞬間を逃さず、右斜め前に捌きながら空を打たせて右胴を打つ …… 96

目次

44 面抜き胴（左胴）
相手が面にきた瞬間、懐に飛び込むつもりで右足から前に出て左に捌けば、相手に空を打たせて左胴が打てる …… 98

45 突きすり上げ面（表）
表から攻め入り、剣先を右に開いて突きを意識させ、突きを誘ってすり上げれば半歩踏み込んで面が打てる …… 100

46 突きすり上げ面（裏）
裏から攻め入り、剣先を下げて突きを意識させ、突きを誘ってすり上げれば半歩踏み込んで面が打てる …… 102

章末コラム 剣道上達の心得３ …… 104

第四章 引き技で打つ …… 105

47 引き面
つばぜり合いから相手を自分から見て右に押して、戻す力を利用して左に崩せば、引いて正面が打てる …… 106

48 引き面
つばぜり合いから相手を自分から見て左に押して、戻す力を利用して右に崩しても、引いて正面が打てる …… 108

49 引き面
つばぜり合いから相手を前後に押したり引いたりして、押し返してくる力を利用して引きながら面を打つ …… 110

50 引き小手
相手を左に崩して押し返してくる力を利用し、左後方に捌けば、引きながら右小手が打てる …… 112

51 引き小手
相手を前に押したり引いてみて、前に押したとき、押し返してくるその力を利用すれば、引きながら右小手が打てる …… 114

52 引き小手
相手の力が抜けた瞬間、左拳で相手の右拳を右斜め上に跳ね上げて手元を崩せば、左斜め後方に捌いて小手が打てる …… 116

53 引き胴
相手を左斜め下に崩し、押し返す力を利用して手元を上げれば、瞬時に引いて胴が打てる …… 118

54 引き胴
相手の手元を押し下げ、押し上げてくる力を利用して手元が上がった瞬間、後方に捌いて胴を打つ …… 120

55 引き胴
つばぜり合いで相手の力が瞬間的に抜けたら、左拳で相手の右拳を跳ね上げ、手元を上げさせて右胴を打つ …… 122

付録１ 避けと捌きの違い …… 124

付録２ 国士舘大学が目指す剣道 …… 126

※本書は２０１４年発行の『これで差がつく！ 勝つ剣道 上達のコツ55』を元に加筆・修正を行っています。

第一章

先で打つ

強い気持ちで攻め入り、相手の動揺を誘い、こちらから仕掛ける先の技。試合で効果的な、先の打突方法を解説する。

コツ No.01

面　払い面（表）

相手の剣先を表から払い、自分の剣先を中心から外さず、払った剣先が戻る前に素早く面を打ちにいく

流れ

ポイント

1. 先をかけて攻め入り相手を崩しておく
2. 相手が前後に動く瞬間に払い中心が戻る前に面を打つ
3. 自分の剣先を中心から外さず素早く面を打ちにいく

払い面は、多くの人が用いる技だが、払ってもなかなか打突につながらないという人もいるのではないだろうか。表から払ったとき、それを打突につなげるためには、**払った自分の剣先を、中心から大きく外さないことが重要**だ。払われた相手は、すぐに剣先を中心に戻そうとする。**自分の剣先も大きく外れてしまうと、戻すまでの時間が相手と変わらなくなる**からだ。払い面を打つときは、自分の**剣先は大きく外さず、相手の剣先が戻る前に素早く面を打ちにいく**ことが重要だと覚えておこう。

ポイント1
先をかけて攻め入り相手を崩しておく

先をかけて攻め入り、相手を崩すことが重要だ。相手が下がったり手元が動くなど、攻めが効いていることを確認しよう。相手が下がる場合、のけ反るように下がるなら攻め勝っているが、足さばきで下がるようなら、必ずしも攻め勝っているとは言えないので注意しよう。

ポイント2
相手が前後に動く瞬間に払い中心が戻る前に面を打つ

相手が前に出ようとしていたり、逆に引こうとする瞬間が、払いの好機と言える。その瞬間を逃さず、表から相手の竹刀を払い、面を打とう。竹刀を払ったら、相手の剣先が中心に戻る前にすかさず打ちにいくことが重要だ。少しでも遅れてしまうと、中心に戻され打つ好機を逃してしまう。

ポイント3
自分の剣先を中心から外さず素早く面を打ちにいく

相手の竹刀を払うとき、自分の剣先も中心から大きく外れてしまうようでは、せっかく相手の剣先を払っても面にいく好機を逃してしまいかねない。相手もすぐに剣先を中心に戻そうとするからだ。剣先を中心から外さないように注意しながら、素早く面を打ちにいこう。

指南+1 プラスワン
竹刀を擦り込むように払うと威力が増す

相手の竹刀を払うとき、単に払うのではなく、自分の竹刀を擦り込むように払うと、より払う威力が増し、相手の剣先を中心から大きく外すことができる。これにより、相手が剣先を中心に戻すのに時間がかかることになるので、より打突の好機が広がる。

コツ No.02

面　払い面（裏）

裏からの払い面は、払う力が伝わらず大きく払えないので、右斜め上に払い上げて一挙動で打つ

流れ

ポイント

1. 先をかけて打ち間に入り相手を崩しておく
2. 相手が前後に動く瞬間に払い中心が戻る前に面を打つ
3. 左斜め下から右斜め上に小さく払う

払い面は、表だけでなく裏から払っても打つことができる。ただし、**裏から相手の竹刀を払う場合は、表に比べて払う力があまり伝わらず大きく払うことができない**。そのため、表裏から相手を攻め込み、両方を警戒させながら、相手が動く瞬間を逃さず、裏から払うことが重要だ。**払うときは左斜め下から右斜め上に向かって払い上げる**といい。大きく払えないので、**払ったら素早く面を打ちにいこう**。また、払う動作を小さくして、自分の剣先が中心から外れないようにしておくことも重要だ。

ポイント1 先をかけて打ち間に入り相手を崩しておく

裏からの払い面を打つ場合は、まずは先をかけて表裏から攻め入ることを考えよう。表だけでも裏だけでもなく、表裏から攻め入ることで相手を迷わせることができる。そして、打ち間に入って、相手を崩し、なおも攻め入り、相手が出ようとする瞬間を焦らず待つといい。

ポイント2 相手が前後に動く瞬間に払い中心が戻る前に面を打つ

打ち間に入って相手を攻め込んでいると、相手が我慢できず出ようとするか、引こうとする瞬間がある。どちらでも構わないが、相手が動こうとする瞬間を逃さず、裏から相手の竹刀を払う。自分の剣先が中心から外れないよう意識するとともに、払う動作は小さくするよう心がけておく。

ポイント3 左斜め下から右斜め上に小さく払う

裏からの払いは、表に比べて力が伝わらず、大きく払えないという特徴がある。また、左斜め下から右斜め上に払い上げる方が払いやすい。相手の剣先を大きく払えないので、払ったら素早く面を打つことを心がけておこう。少しでも遅れると、すぐに相手の剣先が中心に戻ってしまう。

指南+1 プラスワン

上半身だけでなく腰を入れて打つ

ポイント3で、相手の剣先を大きく払えないので、素早く打つことを解説したが、この意識が強すぎると、上半身だけで打ちにいってしまう可能性が高くなる。これでは一本にならないので、素早く腰を入れ、正しい足捌きで打ちにいくことを心がけておこう。

コツ No.03

面　捲き落とし面（表）

相手の構えが充分なら、竹刀を表から捲き落とし手元を崩せば、その瞬間に面が打てる

流れ

ポイント

1. 構えがしっかりしている相手は竹刀で捲き落として打つ
2. 自分の竹刀が外れないよう相手の竹刀に密着させて入る
3. 反時計回りに小さく捲き自分の剣先を中心に戻す

一足一刀の間合いから、こちらが攻め入っても、相手の構えが崩れず、しっかりと充分な状態にある場合もある。このような状況でむやみに打突すると、逆に一本を取られてしまうだけだ。そこで、このような場合は、**相手の竹刀を捲き落として崩してから面を打つ**、という方法が効果的だ。

捲き落とすときは、**相手の竹刀に自分の竹刀を密着させたまま相手の竹刀の中ほどから手元にかけて反時計回りに捲く**。相手の剣先を落としたら、その瞬間を逃さず面を打ちにいこう。

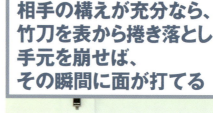

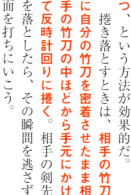

ポイント1 構えがしっかりしている相手は竹刀で捲き落として打つ

構えがしっかりしていて充分な相手には、手先だけで崩そうとせず、体全体を使い相手の竹刀の中ほどから手元にかけて捲くイメージを持っておき、捲く瞬間に力を入れるよう心がけておこう。また、自分の竹刀も、剣先で捲くと外れやすいので、竹刀の中ほどで捲くといい。

ポイント2 自分の竹刀が外れないよう相手の竹刀に密着させて入る

表から捲き落とすときは、相手の竹刀に自分の竹刀を密着させながら間を詰めることを意識しておこう。竹刀を離したまま入ったのでは、相手の竹刀が外れやすくなってしまうからだ。密着させるときは、相手の竹刀を押さえるのではなく、接触させたまま滑らせるイメージを持っておく。

ポイント3 反時計回りに小さく捲き自分の剣先を中心に戻す

捲き落とすときは、自分の竹刀が相手の中心から外れないように注意しておく。滑らせた剣先を反時計回りに小さく円運動で捲くと、力を使わず効果的だ。そして捲き落としたとき、自分の剣先が中心に戻ってくるようにする。大きく捲こうとすると、自分の剣先も中心を外してしまう。

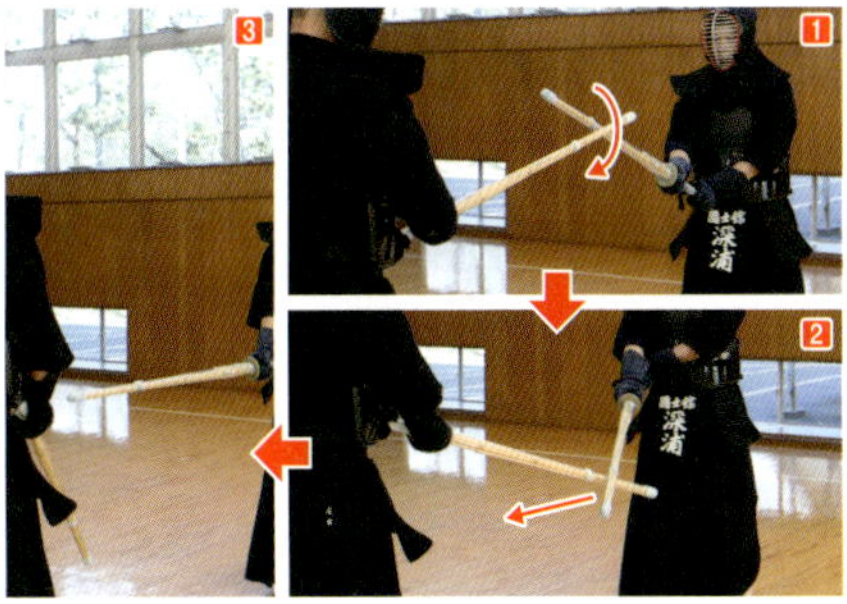

指南+1 プラスワン

表からの捲きは崩れにくい

表から捲く場合、竹刀を握っている手のひら側に力が加わることから、裏に比べると崩れにくい。裏であれば、指側に力が加わるからだ。そこで、表から相手の竹刀を捲き落とすときは、裏よりもさらに手の内をしっかり握り、しっかり捲く意識を持っておこう。

コツ No.04

面　捲き落とし面（裏）

裏から竹刀を密着させ、攻め入りながら捲き落とし、相手の剣先が戻る前に瞬時に面を打つ

流れ

ポイント

1. 剣先の高い相手に対し裏から竹刀を密着させ攻め入る
2. 竹刀を裏から密着させたまま攻め入りながら捲き落とす
3. 時計回りに小さく捲き落とし瞬時に面を打ちにいく

相手の構えが崩れず、しっかりと充分な状態にある場合には、捲き落とし技が有効だが、表からだけではなく、裏から捲き落として面を打つことも可能だ。

　裏から相手の竹刀を捲き落とすときは、**相手の竹刀に自分の竹刀を裏から密着させたまま攻め入り、攻め入りながら相手の竹刀の中ほどから手元にかけて時計回りに小さく捲く**といい。そして相手の剣先を捲き落としたら、その瞬間を逃さず面にいけば、**相手の手元が崩れ、剣先が戻る前に打つ**ことができる。

ポイント1 剣先の高い相手に対し裏から竹刀を密着させ攻め入る

表からの捲き落とし同様、相手の構えがしっかりしていて充分な場合、竹刀を裏から密着させながら攻め入ろう。表からでも同じだが、捲き落としは剣先の高い相手に対して効果的だ。剣先が低い相手では、竹刀と竹刀の角度が少ないため、捲いたときに外れてしまう可能性が高いからだ。

ポイント2 竹刀を裏から密着させたまま攻め入りながら捲き落とす

裏から竹刀を密着させたら、密着させたまま捲く瞬間に右足から攻め入ろう。攻め入りながら捲き落とすイメージだ。攻め入る前に捲いてしまうと竹刀が外れやすいし、攻め入ってから捲こうとしたのでは、相手が引いて間を取られてしまったり、先に打たれる危険性が出てくる。

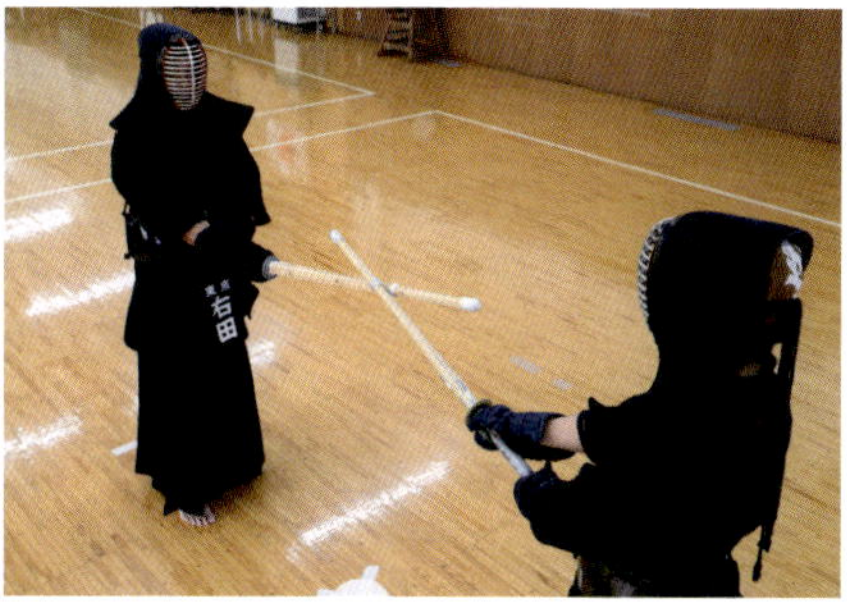

ポイント3 時計回りに小さく捲き落とし瞬時に面を打ちにいく

表からの捲き落とし同様、捲き落とすときは、自分の竹刀が相手の中心から外れないように注意しておく。滑らせた剣先を時計回りに小さく円運動で捲くと、力を使わず効果的だ。捲き落としたら、自分の剣先をすぐに中心に戻し、瞬時に面にいけば、相手が剣先を戻す前に打てる。

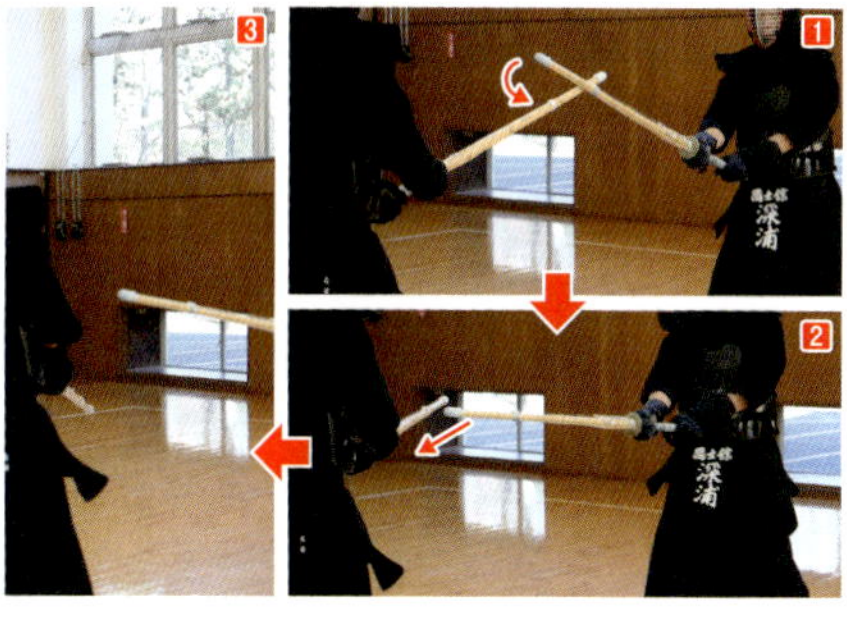

指南+1 プラスワン

剣先の低い相手の剣先を上げさせる

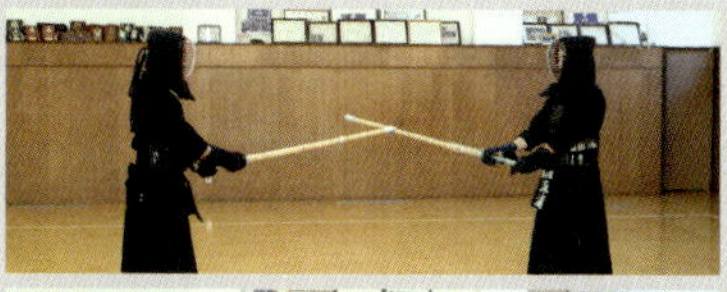

ポイント1で、剣先の低い相手には不向きな技であると解説したが、攻め合いの中で間が詰まった瞬間や、あるいは剣先が上がる瞬間というのがある。中段の構えでは剣先が低い相手でも、上がった瞬間を逃さなければ、竹刀を捲き落とせると覚えておこう。

コツ No.05

小手 | 払い小手

剣先を下げて攻め入り、相手が崩れた瞬間に竹刀を右斜め上に払えば、小手が打てる

流れ

ポイント

1. 剣先を下げて下から攻め面を狙っているように見せる
2. 相手の体勢が崩れたら右斜め上に払い上げる
3. 小手を打つときは手元は小さく剣先は大きく

剣先を動かさず、構えがしっかりしている相手には、払い小手が有効だ。

まずは自分の剣先を下げ、下から攻めよう。剣先を下げておくことで、**払うときの起こりが分かりにくくなる**。同時に、**面を打つように見せかけることで、手元を上げさせる**ことができる。攻め入って相手の体勢が崩れたり手元が上がったりしたら、その瞬間を逃さず、**竹刀を右斜め上に払い上げ、相手が剣先を戻す前に、瞬時に小手を打ちにいけば**、構えがしっかりしている相手でも一本が取れる。

ポイント1 剣先を下げて下から攻め面を狙っているように見せる

相手の竹刀を払って小手を打つ場合は、まず自分の剣先を下げて、下から攻めていこう。剣先を下げておくことで、払う瞬間に剣先を下げる必要がなく、起こりが分かりにくくなるからだ。また、相手には面を狙っていると見せかけたいので、面を見るなどして面を警戒させておくといい。

ポイント2 相手の体勢が崩れたら右斜め上に払い上げる

下から相手に攻め入り、体勢が崩れたり手元が上がるなど、好機が訪れたら、その瞬間を逃さず相手の竹刀を右斜め上に払い上げる。剣先を下げているので、その位置からそのまま右斜め上に払えばいい。竹刀を払ったら、するどく小手を打ちにいくと有効打突になる可能性が高くなる。

ポイント3 小手を打つときは手元は小さく剣先は大きく

竹刀を払うときは、手元は小さく、剣先は大きくを意識しておくと、腕を使って払ったりすることもなく、すぐに剣先を中心に戻すことができる。払うときは物打ちでしっかり払うことを心がけておこう。竹刀を払ったあと、小手を打つときは、動作は小さく、敏速におこなうよう心がける。

指南+1 プラスワン

構えがしっかりしている相手に効果的な技

逆説的な言い方だが、払い技は剣先をよく動かす相手には、不向きと言える。払うタイミングがつかみにくいからだ。剣先を動かさず、しっかりした構えの相手に対し、上下から攻め、相手が竹刀の握りを緩めた瞬間に払うのがもっとも効果的だと覚えておこう。

コツ No.06

小手 | 捲き上げ小手

相手の竹刀を捲き上げて手元を崩し、瞬時に小手を打ちにいけば一本が取れる

流れ

ポイント

1. 構えを崩さない相手に表から竹刀を密着させ攻める
2. 反時計回りに捲き上げ相手の竹刀を大きく外す
3. 捲き上げて手元を崩し素早く小手を打つ

なかなか手元が動かず、構えがしっかりしている相手に対しては、竹刀を捲き上げて手元を崩しながら、その瞬間に小手を打つのも有効といえる。

一足一刀の間合いから中段で攻め合い、**表から攻めて竹刀を密着させ、機を見て瞬時に竹刀を密着させたまま攻め入る**。攻め入ると同時に、**相手の竹刀の中ほどから手元にかけて、自分の竹刀で反時計回りに円を描くように捲き上げ、相手の竹刀を大きく中心から外し**、手元を崩しておいて瞬時に小手を打ちにいく。

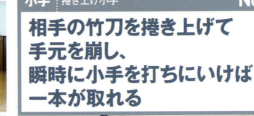

ポイント1 構えを崩さない相手に表から竹刀を密着させ攻める

中段の構えから相手と攻め合い、攻め入っても相手がなかなか構えを崩さないようなら、表から攻めて、払ったり押さえたりするのではなく、竹刀を密着させながら攻めよう。そのまま攻め入って打ち間に入れるようなら、その瞬時を逃さず相手の竹刀を捲き上げて小手を打とう。

ポイント2 反時計回りに捲き上げ相手の竹刀を大きく外す

機を見て瞬間に攻め入り、相手の剣先を反時計回りに円を描くように右上に捲き上げる。このとき、剣先ではなく、相手の竹刀の中ほどから手元にかけてを捲き上げるようにしよう。捲き上げる瞬間に力を入れ、相手の竹刀をより大きく外せば、相手の竹刀の戻りを遅くすることができる。

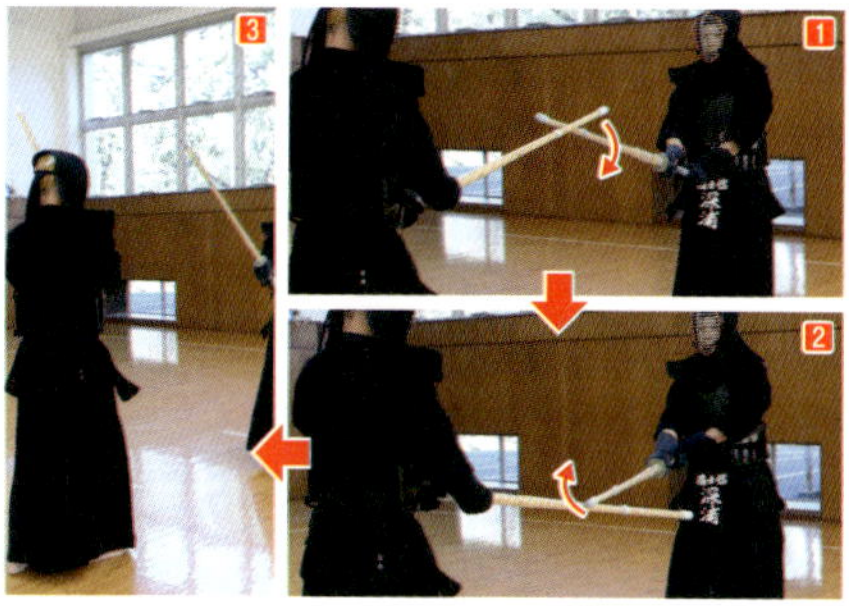

ポイント3 捲き上げて手元を崩し素早く小手を打つ

相手の竹刀を捲き上げ、手元を崩したら、その瞬間を逃さずに、すかさず小手を打ちにいこう。同時に、竹刀を捲き上げるとき、自分の剣先が大きく外れないように注意するとともに、素早く中心に戻すよう心がけておく必要がある。これができないと、素早く小手にいくことができない。

指南+1（プラスワン） 捲き上げるときは手の内を柔らかく

捲き技は相手の剣先が高くなったときに効果的だ。また、捲き上げるときは、手の内を柔らかくして行うことが大切だ。強く握ってしまうと、スムーズに捲くことができない。捲き上げたあとは、素早く自分の剣先を正中線に戻すよう心がけておこう。

コツ No.07

小手　竹刀を押さえて小手（表）

表から剣先を押さえたとき、押し返してくる相手なら、押し返す瞬間に力を緩め小手を打ちにいく

流れ

ポイント

1. 相手の竹刀を押したとき押し返してくるか確認する
2. 相手が押し返してきたら力を緩めて押し返させる
3. 押し返してきた瞬間に下から右小手を打つ

一足一刀の間合いで触刃の状態でいるとき、剣先を払ったり押さえたりすることがある。相手の剣先を押さえたとき、押し返してくる相手、裏に返してくる相手など、相手によって反応は違うものだ。**相手が押し返してくる癖を持っていると判断したら、その押し返してくる力を利用して、押し返してきた瞬間に右小手**を打てば、一本になりやすい。この場合、小手は上から打ちにいくというより、**下から小さく打ちにいく**といい。ただし、打ちが軽くなりがちなので、**剣先をしっかり振ろう。**

ポイント1

相手の竹刀を押したとき押し返してくるか確認する

一足一刀の間合いから、相手と攻め合っているとき、表から相手の竹刀を押さえながら攻め入ってみよう。何度も繰り返してみて、相手が押し返してくるのか、それとも裏に回すのかなど、癖を知ることが大切だ。相手が押し返してくると判断できたときに有効な技だ。

ポイント2

相手が押し返してきたら力を緩めて押し返させる

相手の竹刀を押さえたとき、押し返してくる相手なら、押したり押し返されたりを繰り返しながら、好機を待とう。相手に押し返されたとき、強く押し返そうとすると、逆に相手に小手を打たれる危険性が高くなるので注意しておく必要がある。機を見て相手が押し返した瞬間に力を緩める。

ポイント3

押し返してきた瞬間に下から右小手を打つ

ポイント1で何度か押したり押し返されたりを繰り返しながら、好機がきたと判断したら、相手が押し返してきた瞬時を狙って、右小手を打つ。このときは、上からの強い打ちよりも、下からの早い小手を心がけておこう。振りを小さくし、剣先は鋭く、素早く打とう。

指南+1 プラスワン

下からの小手は剣先をしっかり振る

ポイント3では、下からの早い小手が有効と解説したが、下からの小手とは、振りを小さくして打つことをいう。ただし、下からの小手では、振りが小さいため、打ちが軽くなってしまう。これでは一本が取れないので、剣先をしっかり振ることを意識しておくといい。

小手　竹刀を押さえて小手（裏）

裏から竹刀を押さえたとき、押し返してくる相手なら、竹刀を押さえた瞬時を逃さず小手を打ちにいく

流れ

ポイント

1. 相手の竹刀を押したとき押し返してくるか確認する
2. 相手を押さえた瞬時に素早く小手を打つ
3. 手の内を正しく戻し真っ直ぐに小手を打つ

No.07では表から竹刀を押さえ、相手の押し返してくる力を利用して小手を打つ方法を解説したが、裏から竹刀を押さえても、小手を効果的に打つことはできる。

相手の剣先を裏から押さえたとき、押し返してくる癖を持っているなら、裏から押さえたり押し返されたりを何度か繰り返し、**押さえて小手があいた瞬間を逃さず、小手を打ちにいけば、一本になりやすい**。ただし、押さえた場所から打つと、刃筋正しく打てないので、**手の内を使って真っ直ぐ上から振る**ことを意識しておこう。

ポイント1 相手の竹刀を押したとき押し返してくるか確認する

相手と攻め合いながら、強い気攻めで裏から相手の竹刀を押さえて攻め込もう。それを何度か繰り返してみて、相手が押し返してくるのか、それとも下に回すのかなど、癖を知ることが大切だ。相手が押し返してくるなら効果的な技だが、下に回す相手などには効果的とは言えない。

ポイント2 相手を押さえた瞬時に素早く小手を打つ

ポイント1で相手が押し返してくると判断したら、何度か押さえたり押し返されたりを繰り返しながら、機を見て押さえた瞬時に小手を打ちにいく。このときはできるだけ素早く、相手が戻すより素早く打つことを心がけておこう。遅れてしまうと、せっかくの好機を逃してしまう。

ポイント3 手の内を正しく戻し真っ直ぐに小手を打つ

相手の竹刀を押さえた場所から小手を打ちにいこうとしてしまうと、刃筋正しく打つことができない。斜めに切ることになるからだ。そこで、押さえた場所から打つのではなく、手の内を使って素早く正しく竹刀を戻し、上から真っ直ぐに小手を打つよう意識しておくことが重要だ。

指南＋1 プラスワン

裏からの小手は剣先をしっかり振る

ポイント3で素早く小手を打つと解説したが、素早く打とうという意識が強すぎると、手先（竹刀）だけでの打突になりがちだ。これでは一本にならないので、手先だけでなく、足さばきで踏み込み、しっかり腰を入れて強い打ちを意識することも忘れずにおきたい。

相手の竹刀を裏から大きく払い上げ、手元を大きく崩せば、その瞬間にあいた胴が打てる

流れ

ポイント

1. 腕も使って大きく相手の竹刀を払い上げる
2. 払い上げるとき自分の姿勢を崩さない
3. 左胴が打ちやすければ左胴を打ってもいい

No.05では払い小手を解説したが、相手の竹刀を払い、胴を打つこともできる。ただし、小手と同じように竹刀を払っても、相手の胴をあけるほど大きく手元を崩すことはできないので、胴を狙うのであれば、大きく払い上げる必要がある。そのため、**腕も使い、体全体を使って、大きく相手の竹刀を払い、崩れた瞬間に胴を打ちにいけばいい**。払い胴の場合は、大きく崩すため、**状況によっては右胴よりも左胴の方が打ちやすい状況になる**ことも考えられるので、瞬時に判断して打ちにいこう。

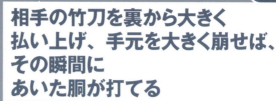

ポイント1 腕も使って大きく相手の竹刀を払い上げる

中段の構えで攻め入り、機を見て相手の竹刀を裏から払い上げる。払い小手では手元を小さく払ったが、右胴を打つ場合は胴をあける必要があるので、大きく払い上げなければならない。そのため、手元を小さくして払う必要はない。腕も使って大きく払い上げるよう心がける。

ポイント2 払い上げるとき自分の姿勢を崩さない

ポイント1で、相手の竹刀を大きく払い上げると解説したが、大きく払おうとする意識が強すぎると、自分の姿勢を崩してしまうことにもつながりかねない。腕も使い、体全体を使って払い上げるが、あくまでも自分の姿勢を崩さないよう注意しておく必要があるので覚えておこう。

ポイント3 左胴が打ちやすければ左胴を打ってもいい

相手の手元が大きく上がり、崩れたら、瞬時に右足から踏み込み、右胴を打とう。ただし、大きく払い上げるため、相手の崩れた状態と自分の状態を照らし合わせ、左胴の方が打ちやすければ、左胴を打っても構わない。瞬時に判断し、どちらでも打てるような準備をしておこう。

指南+1 プラスワン 払い上げたら手首を返し自分の目の前で胴を打つ

胴を打つときは、払い上げた位置から手首を返しながら、自分の目の前で胴を打つようなイメージを持っておこう。この意識を持っておくと、平打ちになってしまうのを防ぐことができる。また、捌き方は、そのときの状況に応じて、左右のどちらに出ても構わない。

相手の竹刀を捲き上げ手元を大きくあけさせ、平打ちにならないよう注意して斜めに胴を打つ

流れ

ポイント

1. 表から竹刀を密着させ間を詰めていく
2. 相手の竹刀を捲き上げ円運動で胴を打つ
3. 手元が上がったら手首を返して斜めに打つ

No.06では捲き上げ小手を解説したが、相手の竹刀を捲き上げ、胴を打つこともできる。ただし、**小手と胴では自分の剣先の軌道がまったく異なる**ことから、捲き上げたあとの竹刀の軌道も自ずと違ってくる。相手の**竹刀を捲き上げたら、当然、自分の剣先も上に向くので、そのまま円を描くようにして、刃筋正しく正確に右胴を打つ**ことが重要になってくる。ただし、**竹刀を戻すとき、手首を返しすぎると平打ちになる**ことが多いので、返しすぎに注意して打つことが重要だ。

ポイント1 表から竹刀を密着させ間を詰めていく

まずは、先の気持ちで相手を攻めておこう。そして竹刀を相手の竹刀に密着させ、間を詰めていく。捲き技全般で言えることだが、間を詰めていくとき、表から相手の竹刀に自分の竹刀を密着させ、密着させたまま滑らせるようにしながら、間を詰めていくといい。

ポイント2 相手の竹刀を捲き上げ円運動で胴を打つ

竹刀を密着させたまま間を詰め、機を見て相手の竹刀を反時計回りに円を描くようにして捲き上げる。相手の竹刀を捲くときは、竹刀の中ほどから手元を捲くと、より効果的だ。また、捲き上げた自分の竹刀は、そのまま円運動を使って素早く打つことを心がけておこう。

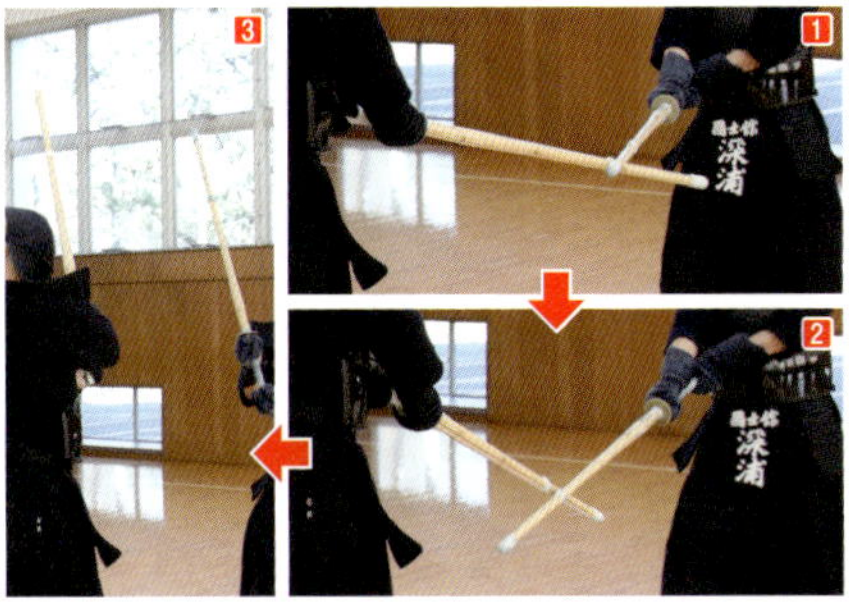

ポイント3 手元が上がったら手首を返して斜めに打つ

手元が大きくあいた相手に対し、捲き上げた自分の竹刀を、手首を返して素早く右胴を打つが、このとき、手首を返しすぎて平打ちになってしまうことが多く見受けられる。切り返しの要領で、正しく斜めに打たないと、刃筋正しく打突できないので注意しておく必要がある。

指南+1 プラスワン

正しい剣先の軌道を知ろう

ポイント3で手首を返しすぎると平打ちになると解説した。捲き上げた場所から円運動で打つが、手首を返しすぎると、写真のように勢いで円を描いてしまい、結果、平打ちになるのだ。剣先の軌道がポイント3のような軌道を描くようになるのが理想的と言える。

コツ No.11

突き｜払い突き（表）

正中線を取って真っ直ぐ入り、相手の竹刀を左下に払い、剣先をすぐに正中線に戻せば突くことができる

流れ

ポイント

1. 相手の正中線を取り真っ直ぐ打ち間に入る
2. 相手の竹刀を左下に払い落とし瞬時に剣先を中心に戻す
3. 腰を入れて突き突いたら引く

相手の剣先を払って突きを狙う場合、大切になってくるのは、**相手の正中線を取る**ことだ。正中線が取れていない状態で突きを狙うのは難しい。そこで、正中線が取れたら、**真っ直ぐ打ち間に入り、相手の竹刀を左下に払い落とそう**。このときは**左拳が正中線から外れないよう注意**しておきたい。外れてしまうと、自分の剣先を中心に戻すのが遅くなり、突く機会を失うからだ。剣先を正中線に戻したら、片手、両手どちらであっても、しっかり**腰を入れて突き、突き終わったら必ず引く**。

ポイント1 相手の正中線を取り真っ直ぐ打ち間に入る

突きをおこなう場合、まず大切なのは、相手の正中線を取ることだ。これができていなければ、まず突きで一本を取ることはできないと心しておこう。相手の正中線を取り、そのまま真っ直ぐ打ち間に入ってはじめて、打突部位の狭い突きで一本を取る準備ができるのだ。

ポイント2 相手の竹刀を左下に払い落とし瞬時に剣先を中心に戻す

打ち間に入ったら、相手の竹刀の中ほどから手元にかけての部分を左下に払い落とす。剣先を払い落とすよりも、手元に近い部分を払い落とした方が、より相手の竹刀を大きく払えるからだ。払うときは左拳が正中線から外れないよう注意し、瞬時に自分の剣先を中心に戻しながら突く。

ポイント3 腰を入れて突き突いたら引く

相手の竹刀を払い落として自分の剣先を中心に戻したら、手先や上半身だけでなく、腰を入れ腰から突きにいく。突くときは片手でも両手でも自分が得意とする方法で構わないが、どちらで突いたとしても、突いたら突きっぱなしにならず、必ず引くことを覚えておこう。

指南+1 プラスワン

手首が折れると効力がなくなる

特に片手で突くとき、写真のように手首を折って突く人がいる。手首が折れてしまうと突きの効力がなくなるため、一本になりにくいので、この癖のある人は練習で直しておこう。また、払い突きは剣先を動かさない人に対して向いている。剣先が払いやすいからだ。

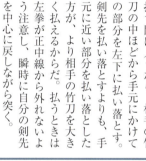

コツ No.12

突き　払い突き（裏）

表から中心を取って真っ直ぐ攻め、相手の竹刀を裏から払い上げ、手元を崩して隙を作れば突くことができる

流れ

ポイント

1. 相手の表から攻め打ち間に入る
2. 左拳を正中線から外さず竹刀を右斜め上に払い上げる
3. 払ったら戻しながら突く一挙動の打突を心がける

No.11では表からの払い突きを解説したが、裏から払って突く場合も、**表から正中線を取って攻め、打ち間に入ることが重要**だ。裏から竹刀を払うときは、**払い落とすのではなく払い上げる**が、払ったら瞬時に剣先を中心に戻しながら突く、という手順は同じだ。**払うとき、左拳が中心を外れてしまうと、剣先を中心に戻すのが遅れてしまい正しく突くことができない**ので注意しておこう。また、突きは片手でも両手でも構わないが、いずれの場合も**腰を入れて突く**ことを心がけておこう。

ポイント1 相手の表から攻め打ち間に入る

表からの突き同様、裏から突きをおこなう場合でも、まず大切なのは相手の正中線を取ることだ。表から相手の正中線を取って攻め、そのまま真っ直ぐ打ち間に入ってはじめて、打突部位の狭い突きで一本を取る準備ができる。正中線を取らずに打ち間に入っても、相手を突くのは難しい。

ポイント2 左拳を正中線から外さず竹刀を右斜め上に払い上げる

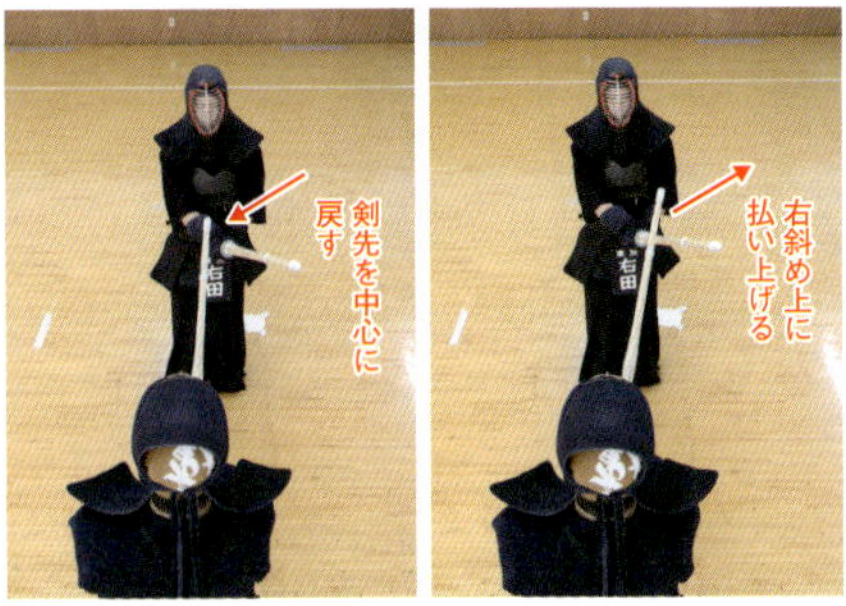

攻め入って打ち間に入ったら、左から斜め右上に相手の竹刀を払い上げよう。このとき注意しておかなければいけないのは、払うときに左拳が正中線から外れないようにしておくことだ。外れてしまうと、剣先を戻すのが遅れるだけでなく、正しく突くことができなくなり、一本が取れない。

ポイント3 払ったら戻しながら突く一挙動の打突を心がける

相手の竹刀を右斜め上に払い上げたら、瞬時に剣先を中心に戻しながら、真っ直ぐに裏から突く。剣道では一連の動作、一挙動での打突が大切だ。「払ったら戻しながら突く」ということだ。また、腕や上半身だけでなく、しっかり腰を入れて突くことも忘れてはいけない。

指南+1 プラスワン

充分な構えの相手や応じる構えの相手に効果的

裏からの払い突きは、気力充分の相手や応じる構えの相手で、打ち込む隙がない場合などに用いると効果的と言える。竹刀を払えば隙を作ることができるからだ。ただし、何度も払ったりして、相手の反応を見ながら、機を見て技を出すようにしよう。

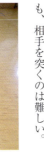

コツ No.13

突き | 捲き落とし突き

竹刀を密着させて攻め込み、相手の竹刀を捲き落とせば、充分な相手の手元が崩せ、その隙に突きを突くことができる

流れ

ポイント

1. 相手の竹刀に自分の竹刀を密着させて攻め込む
2. 時計回りに円を描くように相手の竹刀を捲き落とす
3. 中ほどから手元を捲き体全体で腰から突く

No.11、12では相手の竹刀を払ってからの突きを解説したが、No.03で解説したように、相手の竹刀を捲き落としておいて突きを突くこともできる。

相手の竹刀を捲き落とすには、**竹刀を相手の竹刀に密着させながら攻め込み**、相手の**竹刀の中ほどから手元にかけての部分を、時計回りに円を描くように捲き落とす**。このときは、自分の剣先が中心を大きく外さないよう、**小さく鋭く力強くおこなうことが重要だ**。そして相手の手元を崩しておいて、腰から突きにいけばいい。

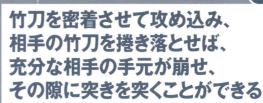

ポイント1 相手の竹刀に自分の竹刀を密着させて攻め込む

相手の竹刀を捲き落とすときは、相手の竹刀の裏から自分の竹刀を密着させながら攻め込もう。密着させておかないと、捲こうとするときに竹刀が外れやすくなる。表から密着させて攻め込んでもいいが、この場合は、捲き落とす直前に、素早く剣先を裏に回す必要がある。

ポイント2 時計回りに円を描くように相手の竹刀を捲き落とす

竹刀を密着させて攻め込んだら、右足から入りつつ、竹刀を擦り込みながら、剣先を時計回りに円を描くように瞬時に相手の竹刀を捲き落とそう。小さく鋭く、そして力強く捲くのがポイントだ。大きく捲いてしまうと、自分の剣先も中心を大きく外れてしまうので注意しておこう。

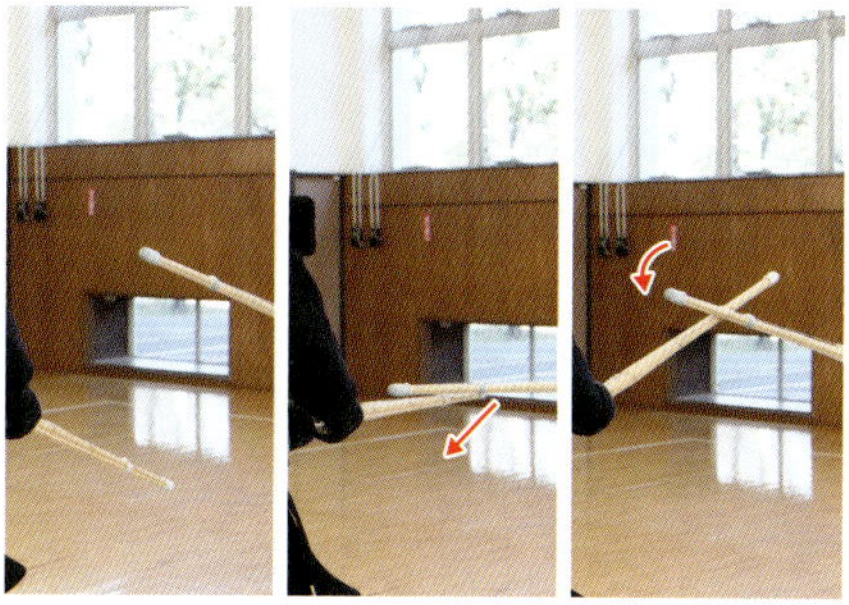

ポイント3 中ほどから手元を捲き体全体で腰から突く

ポイント1で相手の竹刀を捲き落とすときは、相手の竹刀の中ほどから手元にかけてを捲くのが効果的だ。そして手元を崩したと同時に、自分の剣先を中心に戻しながら腰を入れて突きを突こう。このときは、手先だけで突かず、体全体で腰から突きにいくイメージを持っておくといい。

指南+1

捲き落としから打つまでを中途半端におこなわない

捲き落とし技は、相手が充分に構えていて、打ち込む隙のない場合に、手元を崩させて打つ技なので、捲き落としてから打ち込むまでを中途半端な間でおこなわないようにしよう。表から攻め込み、反時計回りに捲き落としてもいいので、得意な方向を見つけよう。

コツ No.14

面 | 担ぎ面

竹刀を担いで相手を惑わせることで、心理的な隙へ導き、その瞬間に面を打つ

流れ

ポイント

1. 相手の正中線を取って攻め構えを崩し動揺させる
2. 担ぎの動きは大きく素早く
3. 相手の剣先を右方向に誘い出す

担ぎ面は、竹刀を担いだ瞬間に面が大きくあくため、こちらの攻めが効いていない状態でおこなうと、簡単に面を打たれてしまうため、**捨て身技**と言える。一本を取らなければ負けてしまうような展開のときで、さらに、こちらの攻めが効いているときに出すことが望ましい。**中心を取って攻め、崩れたときに竹刀を担げば、相手に小手を意識させることができる**ので、**小手を隠そうとした瞬間、面にいけばいい。担ぎの動作を大きく素早く**おこなえば、相手に考える暇を与えることもない。

ポイント1 相手の正中線を取って攻め構えを崩し動揺させる

担ぎ面でまず大切なことは、積極的に相手に攻め入ることだ。相手の正中線を取り、さらに攻めれば構えを崩すことができる。そして、正中線をしっかり取り続け、相手を動揺させることができてはじめて、担いだ瞬間に相手を惑わせることができると心得ておこう。

ポイント2 担ぎの動きは大きく素早く

相手が構えを崩し、動揺していると判断したら、瞬時に竹刀を担ぎ、相手に小手を意識させよう。竹刀を担ぐことによって、相手は迷い、その迷いは心の崩しとなる。竹刀を担ぐときは、大きい動作で素早くおこなうといい。相手の迷いも大きくなり、考える隙をも与えずに打てる。

ポイント3 相手の剣先を右方向に誘い出す

小手を打ちにくると思わせることができれば、相手は防ごうとして、剣先を右方向に移動させるため面があくので、その瞬間に面を打とう。担ぎ技は捨て身技でもあるので、捨て身の気持ちで、大きく素早く、迷わずに思い切って打つことが重要だ。迷っていては相手に立て直される。

指南+1 プラスワン

自ら中段の構えを崩すのでためらわずに技を出そう

担ぎ技は、担いだ瞬間に面が大きくあくなど、自ら中段の構えを崩して攻める技だ。そのため、担ぎ面を出す状況を間違えてはいけないし、打つと決めたら思い切り、躊躇なく技を出すことが大切になる。自分が無防備なだけに、躊躇してしまうと逆に面を打たれる。

小手 担ぎ小手

相手に面を意識させておき、攻め入って竹刀を担げば、迷いが生じ手元を上げるので、その瞬間に小手を打つ

流れ

ポイント

1. 捨て身の強い気持ちで相手に面を意識させる
2. 攻めが効いているか見極めておく
3. 竹刀を左肩に担ぎ手元が上がった瞬間に打つ

No.14では、竹刀を担いでからの面を解説したが、同様に竹刀を担ぎ、小手を打つこともできる。もちろん面をあけるので、こちらも捨て身技であると理解しておこう。

担ぎ小手の場合は、相手に面を意識させておく必要があるので、**表から面を攻めたり、面を打つと相手に意識させておく**といい。そしてこちらの攻めが効いていると判断したら、**攻め入り機を見て竹刀を左肩に大きく担ぐ**。相手は面を意識しているため、担がれると迷いが生じ**手元を上げるので、その瞬間を逃さず小手を打とう**。

ポイント1 捨て身の強い気持ちで相手に面を意識させる

一本取らなければ負けてしまうなどの状況のとき、捨て身の気持ちで強い気攻めで表から攻め入ろう。相手には面を意識させる必要があるので、面を攻めながら入るなど、相手の上を攻めることが重要だ。相手に面を意識させることで、担いだときに手元を上げさせられる。

ポイント2 攻めが効いているか見極めておく

重心が移動する

こちらが攻め入ったとき、相手が責め負けているのか、あるいは自分の攻めが効いていないのかを見極めよう。攻めが効いていなければ、担いだ瞬間に打たれる可能性が高くなる。見極めは、相手の反応の仕方や、攻めが効いていれば、のけ反るなどの重心移動に現れることが多い。

ポイント3 竹刀を左肩に担ぎ手元が上がった瞬間に打つ

こちらの攻めが効いていると判断できたら、機を見て竹刀を左肩に大きく担ごう。相手には面を意識させているため、担いだ瞬間、迷いが生じる。そして手元が上がった瞬間を逃さず小手を打ちにいけばいい。担ぐ動作は素早く大きくすると、より効果的であり、相手に考える隙も与えない。

指南+1 プラスワン

手元が上がらなければ面を打ってもいい

手元が大きく上がったら胴

手元が上がらなければ面

担ぎ小手を狙っていて、もし竹刀を担いだ瞬間、相手の手元が上がらないようなら、面を打ちにいってもいい。状況を瞬時に判断する能力も必要だ。また、担ぐときは手の内を柔らかくしておかなければいけない。そして打つときに手の内をしっかり握るようにしよう。

コツ No.16

胴　担ぎ胴

相手に面を意識させ、攻め入って竹刀を担いだとき手元が大きく上がるなら、その瞬間に胴を打つ

流れ

ポイント

1. 捨て身の強い気持ちで相手に面を意識させる
2. 攻めが効いていたら竹刀を大きく担ぐ
3. 間を詰めた瞬時に担ぎ手元を上げさせて胴を打つ

竹刀を担いだとき、相手が大きく手元を上げるようなら、胴を打つこともできる。胴を打つのであれば、相手の手元を大きく上げさせなければならないが、そのためには間を詰めるときに**相手の竹刀を払い、払われていることに意識を集中させ**たり、より**強く面を意識させたりする**。しかし、胴を狙っていたとしても、担いだときに相手が小手を隠すようであれば面、手元を上げるようであれば小手、それが大きければ胴というように、状況に応じて打ち分けられるようにしておくといい。

ポイント1 捨て身の強い気持ちで相手に面を意識させる

担ぎ面、担ぎ小手同様に、捨て身の強い気攻めで相手に攻め入ろう。胴の場合も、担いだとき相手に手元を上げさせたいので、面を意識させておきたい。そこで、面を攻めるなど、相手の上を攻めておくといい。相手が面への意識を強くするほど、手元を上げる可能性も高くなる。

ポイント2 攻めが効いていたら竹刀を大きく担ぐ

担ぎ技は捨て身技でもあるので、攻めが効いているのか効いていないのかを見極めるのは、重要なポイントだ。もちろん担いで胴を狙う場合も同様で、攻めが効いていると見極められたなら、機を見て竹刀を左肩に大きく担ごう。中途半端に担ぐと、打たれる危険性がある。

ポイント3 間を詰めた瞬時に担ぎ手元を上げさせて胴を打つ

こちらの攻めが効いていれば、攻め入って担いだ瞬間、相手は迷い手元を大きく上げる。その瞬間を逃さず、瞬時に踏み込んで右胴を打とう。間を詰めたら瞬時に竹刀を担ぐと、相手はより迷いやすくなるので、素早く大きく担ぎ、好機を逃さず打つよう心がけておこう。

指南+1 プラスワン

より相手を動揺させる間の詰め方

担ぎ技は捨て身技なので、相手を動揺させ、迷わせなければいけないが、間を詰めていくときに、相手の竹刀を左右に払いながら様子を見ておくといい。竹刀を払いながら間を詰めることで、相手は払われていることに意識を集中し、より動揺させることができる。

コツ No.17

胴　飛び込み胴

遠間から大きく飛び込み、竹刀を大きく振りかぶって相手の手元を上げて崩せば、右胴を打つことができる

流れ

ポイント

1. 遠間から飛び込み竹刀を大きく振りかぶる
2. 相手が手元を上げた瞬間を逃さず右胴を打つ
3. 試合の中で相手の癖を見抜いておく

No.14から16までは、捨て身技の中でも担ぎ技を解説してきた。同じ捨て身技でも、担ぐのではなく、**遠間から思い切りよく飛び込んで相手の意表を突く**、飛び込み胴もあるので、解説しておこう。

飛び込み胴は、**遠間から大きく入りながら竹刀を大きく振りかぶることで、相手の意表を突く**。振りかぶることで面を意識させることができるため、**手元が上がり崩れた瞬間を逃さず、右胴を打つ**。捨て身技と言えるので、どうしても一本がほしい場面で使いたい。ためらうことなく思い切りいこう。

ポイント1 遠間から飛び込み竹刀を大きく振りかぶる

一足一刀の間合いよりも遠い間合いから攻め込み、打ち間に入ったら、さらに間を詰めながら相手の意表を突くように、大きく竹刀を振りかぶろう。竹刀を大きく振りかぶることで、相手に面を意識させる。ためらうことなく、思い切りよく飛び込み、相手を誘うことを考えよう。

ポイント2 相手が手元を上げた瞬間を逃さず右胴を打つ

ポイント1で相手の意表を突き面を意識させると、手元を上げて崩し、剣先を上げることができる。その瞬間を逃さず、すかさず右足から大きく踏み込み、右胴を打とう。大きく飛び込むため、自分の体が崩れやすくなるので、しっかりと踏み込み、手先だけにならないよう注意する。

ポイント3 試合の中で相手の癖を見抜いておく

飛び込み胴は捨て身の誘い技だけに、相手の特徴や癖を試合の中で見極めておくことも重要だ。こちらが攻め勝っていても手元が崩れにくい、意表を突いても手元が上がらないなど、手元を崩す可能性が低い相手の場合だと、あまり効果的とは言えないので、控えた方がいい。

指南+1 プラスワン

中途半端だと引き面を打たれる

ポイント1で思い切り飛び込むと解説したが、この飛び込みが中途半端になってしまうと、引き面を打たれる可能性が高くなる。相手をよく知り、捨て身ということを自分に言い聞かせ、ためらうことなく、思い切りおこなってはじめて、相手の意表を突ける。

剣道上達の心得 —1—

遠山の目付

相手と対峙したとき、相手の竹刀や打突部など一カ所だけを集中して見るのではなく、遠い山を望むように、相手の顔を中心に全体を見なさいという教えのこと。相手の動きのすべてを視界におさめておくという意味もあるが、全体を見ようとするその気持ちが、結果的に相手を恐れない動作として現れる。

直心是道場

直心とは真っ直ぐな心、素直な心、また、真実にぴったり合う心。しかし、その直心を身につけるのは容易でないため、直心を保つことは自分を鍛えるための道場である、という意味。また、素直な心をもって精進し修行すれば、すべての場所は道場となり、剣道のみならず、人生における修行の場となる。

三殺法

相手の気、竹刀、技を殺すという意味。気を殺すとは、充実した気力で相手の気を崩して攻めることを指す。竹刀を殺すとは、相手の竹刀を押さえたり払ったりして自由に使わせないことを指す。技を殺すとは、相手の打ちに対し先を取って乗ったりはじいたりして、相手に攻撃の機会を与えないことを指す。

第二章

先の先で打つ

相手が出ようとする瞬間を捉える先の先。相手が我慢できずに打ってこさせる方法と、その瞬間を狙う技を解説する。

コツ No. 18

面　出ばな面（表）

竹刀を表から押さえ、相手が反応して出ようとしたら、最短距離で振りを小さくして素早く面を打つ

流れ

ポイント

1. 表裏下から攻めてみてどこから攻めるかを見極める
2. 相手の竹刀を表から押さえ剣先を中心から外さない
3. 最短距離で振りかぶり小さく素早く竹刀を振る

　こちらの攻めが効いていて、さらに攻め込むと、相手が手元を上げたり状態が崩れるなど、こちらの攻めを嫌がっているのが分かることがある。相手が表からの攻めを嫌っているのであれば、**表から竹刀を押さえ、自分が中心を取り、外さないように注意しながらさらに攻め**れば、相手は我慢できなくなり、打ってくる。

　このタイミングを逃さず、**竹刀を最短距離で振りかぶり、手の内を効かせて小さく素早く、相手よりも先に面を打てば**、一本を取ることができる。

ポイント1 表裏下から攻めてみて どこから攻めるかを見極める

一足一刀の間合いから、表裏、下から何度も相手を攻めてみよう。そして、相手の反応を見て、どこから攻めるのがより効果的なのかを確認することが重要だ。それぞれ攻めてみて、手元を上げたり、体勢を崩すなど、反応を示す場所が、相手が嫌がっている場所であると言える。

表から攻める

裏から攻める

下から攻める

ポイント2 相手の竹刀を表から押さえ 剣先を中心から外さない

相手が表からの攻めを嫌うのであれば、表から竹刀を押さえるが、このとき重要なのは、自分の剣先が中心から外れないようにしておくことだ。必要以上に押さえ込む必要はなく、自分が中心を取れているのであれば、相手の剣先は中心を外れていることになり、竹刀を殺すことができる。

剣先を中心から
外さない
東京
右田

ポイント3 最短距離で振りかぶり 小さく素早く竹刀を振る

我慢できずに相手が打突にきたら、その瞬間を逃さず、竹刀を最短距離で振りかぶり、振りそのものも小さくして、相手より先に面を打とう。相手がどこを打ちにくるのかを頭に入れておくことも大切だ。面を打つときは手の内を効かせ、力強く、そして冴えのある打突を心がけよう。

小さく素早く
振る

最短距離で
振りかぶる

指南+1 プラスワン 常に打てる足を作っておく

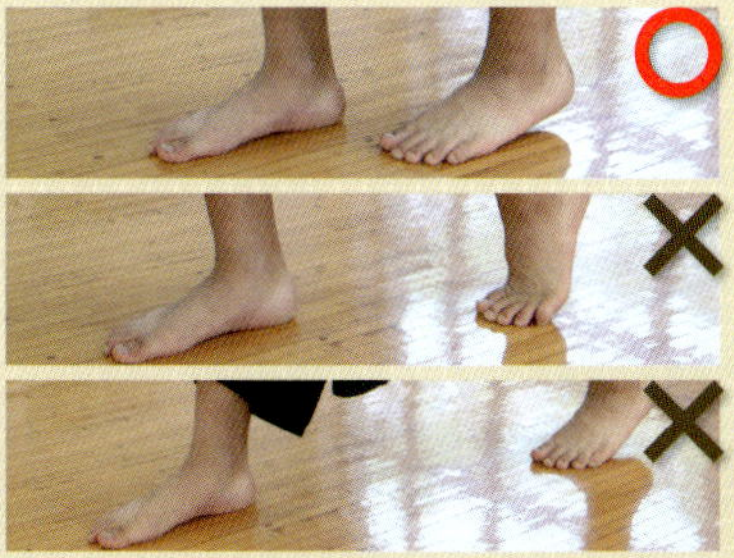

相手の出ばなを狙うのであれば、相手がいつ打ちにきても対応できるよう、常に打ちにいける足を作っておくことが重要になる。構えを崩さず、動くときは正しい足捌きで攻めるよう意識しておこう。足が作れていない瞬間にこられると、対応できなくなってしまう。

コツ No.19

面　出ばな面（裏）

裏から押さえた出ばな面は、小手に注意しながら腰を入れて中心を取り、振りを小さく鋭くして打つ

流れ

ポイント

1. 裏からの攻撃を嫌がるならそこをさらに攻める
2. 手先だけでなく腰を入れて打つ
3. 裏からの出ばな面は小手に注意しておく

表、裏、下と相手を攻めてみて、相手が裏からの攻めに対して手元を上げたり体勢を崩す場合は、裏からの攻めが効果的だ。**裏からさらに強く攻めれば、相手は我慢できずに打ってくるので、その出ばなを狙って面を打とう。**

ただし、裏から竹刀を押さえていると、**小手を狙われやすくなるため、相手の小手を注意しながら、相手の打突よりも早く面が打てるよう、振りは小さく鋭く**を心がける。また、相手の打突を恐れず、しっかり腰を入れて、相手の中心を取り打つことも忘れずに。

ポイント1 裏からの攻撃を嫌がるならそこをさらに攻める

表や裏、下から何度も相手を攻めてみて、相手が裏からの攻めに対して反応したり、体勢を崩すなど、嫌がる素振りを見せるなら、裏からの攻めが効果的であると言える。さらに裏から攻めれば、我慢できなくなり、気持ちが不充分なまま打ちにくるので、そのタイミングを逃さず狙おう。

ポイント2 手先だけでなく腰を入れて打つ

裏から出ばな面を打つ場合、相手より先に打とうとする意識が強くなったり、または相手の打突を恐れるあまり、手先だけで、横から面を打とうとすることが多い。これでは刃筋が正しく通らず、一本にはつながらないので、しっかり腰を入れ、中心を取って面を打つことを心がけよう。

ポイント3 裏からの出ばな面は小手に注意しておく

裏から相手の竹刀を押さえるということは、小手を狙われる確率が高くなるということだ。そのため、振りが大きくなってしまうと、自分より先に小手を打たれてしまうリスクが高くなる。相手の小手を意識しながら、振りは小さく鋭く、面を打つことを心がけておこう。

指南+1 プラスワン

裏からの押さえは上半身と下半身のバランスに注意

相手の竹刀を裏から押さえる場合、上半身と下半身がアンバランスになることが多い。そのことを意識して、腰をしっかり入れバランスに注意しながら竹刀を押さえよう。バランスが悪いと打突のタイミングで出られなくなるだけでなく、有効打突にもなりにくい。

コツ No.20

面　出ばな面（下）

下を攻めたときの出ばな面は、相手に乗られないように腰を入れ、上から乗って一挙動で打ちにいく

流れ

ポイント

1. 下を攻めたとき相手の体勢が崩れるなら攻めが効いている
2. 相手の上に乗り一挙動で面を打つ
3. 早く打とうとして上半身だけで打たない

相手を攻めたとき、下からの攻めを嫌がったり、**下を攻めた瞬間に相手の竹刀が下がるようなら、下からの攻めが有効と言える**。この、相手の剣先が下がった瞬間を逃さず、面を打ちにいこう。

このときは、**こちらの剣先が下がっているので、早く打とうとする意識が強すぎると、上半身だけで打ちにいってしまう**恐れがある。同時に、下から面を打とうとすると、相手に乗られてしまう危険もあるので、**腰を入れて、上から乗って一挙動で打つよう心がけておこう**。

ポイント1 下を攻めたとき相手の体勢が崩れるなら攻めが効いている

一足一刀の間合いから、表や裏、下などを攻めてみて、下を攻めた瞬間に相手が剣先を下げたり体勢を崩すなら、下からの攻めが効いて、相手が嫌がっていると言える。ただし、大きく動くことはまれなので、何度も攻めて、動揺して小さく動くのを見極め、見逃さないようにしよう。

ポイント2 相手の上に乗り一挙動で面を打つ

相手が剣先を下げたり、体勢を崩し、我慢できずに打ちに出ようとした瞬間が打突の好機だが、剣先を下げているからといって、下から面を打とうとすると、相手に乗られる危険がある。上から乗って打つイメージを持とう。そのためには、剣先を素早く上げながら一挙動で打つ。

ポイント3 早く打とうとして上半身だけで打たない

こちらが剣先を下げている状態から面を打ちにいくので、早く打とうとする意識が強すぎると、上半身だけで打ちにいってしまうことがある。これでは当然、有効打突にはならないので、正しい足捌きで、しっかりと腰を入れて刃筋正しく打つことを心がけておきたい。

指南+1 プラスワン

打たない勇気を持ち我慢することも必要

剣道では、攻めが効いていて、相手が動揺しているのか、または動揺していないのかを見極めることが重要だ。攻め入ったとき、相手が動いたとしても、それが動揺からくるものでないと判断したときは、打たない勇気を持ち、我慢することも必要になってくる。

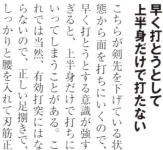

小手　出ばな小手（表）

表から竹刀を押さえて、押し返してくる相手なら、さらに攻め入って面に出ようとする出ばなに小手を打つ

流れ

ポイント

1. 相手の竹刀を表から押さえ押し返してくる相手に有効
2. 腰が沈まないよう注意し上からしっかり打つ
3. 左膝を開かないように体に覚え込ませておく

相手を攻めたとき、表から竹刀を押さえると、押し返してくる場合がある。このような相手には、小手が有効だ。相手の竹刀を押さえ、さらに攻め込むと、**相手は竹刀を押し返して打ちにこようとするので、その瞬間を逃さず、小手を打とう**。ただし、小手を打とうとすると、打突部位が低いため**腰が沈みがちになったり、左膝が開いてしまう場合が多く見受けられる**。これでは次の技につなげられなくなってしまうので、**体勢が崩れないように練習で正しい打ちを練習**して身につけておこう。

ポイント1 相手の竹刀を表から押さえ押し返してくる相手に有効

相手の剣先を表から押さえたとき、それを嫌がって押し返してくる場合がある。このような相手には、表から相手の竹刀を押さえ、さらに強く攻め入ってみよう。我慢できなくなり、相手が竹刀を押し返しながら打ちにきたら、その出ばなを狙って小手を打つのが有効だ。

相手が竹刀を押し返し、
打ちにきた瞬間を狙う

ポイント2 腰が沈まないよう注意し上からしっかり打つ

小手を打つ場合、打突部位が低いために、腰が沈みがちになってしまうことが多い。これでは面を打たれる危険があるだけでなく、次の技にもつながらなくなってしまう。腰を入れ、平打ちにならないように、上からしっかりと小手を打つよう心がけておく必要がある。

腰が沈んでは
いけない

ポイント3 左膝を開かないように体に覚え込ませておく

小手を打つとき、腰が沈んでしまうのと同様に、左足の膝を開いてしまうのも多く見受けられる。膝を開いてしまうと、次の技につながらなくなってしまう。自分の体勢が崩れないよう、普段の練習からしっかり意識し、両足の膝が常に相手に向くよう、体に覚え込ませておこう。

両膝が
相手に向く

指南+1 プラスワン 体勢が崩れてしまうと悪影響しかない

小手を打つ場合は面と比べて体勢が崩れやすい。打突部位が低いためだが、体勢が崩れてしまうと有効打突とならないだけでなく、相手に打たれる危険性が高くなる、次の技が出せないなど、悪い影響しか及ぼさない。この癖がある人は、しっかり直しておこう。

コツ No.22

小手　出ばな小手（裏）

相手の心理を利用して裏から相手を攻め、出てくる瞬間に小手を打つ

流れ

ポイント

1. 裏から攻めて、相手の心理状態を利用する
2. 相手に面の意識を持たせ誘っておく
3. 上体が左に逃げないよう前に出て小手を打つ

剣道では裏と表があるが、基本的には表から攻めることが多いため、多くの人が裏から攻められるのを得意とせず、嫌がるものだ。

そこで、その心理を利用し、相手の**竹刀を裏から押さえて攻め入り、相手が出てくる瞬間を狙う**のも手だ。相手に面を打たせるように意識させておき、**面にこようとする瞬間に小手を打てばいい**。ただし、この場合、相手の面を恐れて上体を左に崩してしまうことが多く、これでは一本にならないので、**足捌きを使い前に出て打つことを心がけておこう**。

ポイント1 裏から攻めて、相手の心理状態を利用する

裏というのは、基本的に誰しも得意としいないため、攻められるのは嫌なものだ。その心理状態を利用して、裏から攻めて相手の竹刀を押さえながら間を詰めていくと、相手は我慢できなくなり、面を打ちにこようとする。相手が出てこようとするその瞬間を逃さず、小手を打ちにいこう。

ポイント2 相手に面の意識を持たせ誘っておく

裏から相手を攻めるとき、相手には小手でなく、面を打たせるような意識を持っておこう。面をわざとあけるなどして、面に隙があるように見せかけ、相手を誘っておくといい。そのためには、裏からの押さえを緩めたり押さえたりと、繰り返しながら面を意識させるといい。

ポイント3 上体が左に逃げないよう前に出て小手を打つ

裏から出ばな小手を打つときは、体が左に逃げないように注意しておくことが必要だ。相手には面を意識させていることもあり、面を打たれるのを恐れ、上体が左に逃げて崩れてしまうことが多い。これを防ぐためには、しっかり前に出て、腰を入れて小手を打つ意識を持っておくといい。

指南+1 プラスワン

じっくり気攻めして大きく入らない

相手の竹刀を裏から押さえて攻める場合、誰しもが裏を得意としないことから、大きく攻め入ってしまうと、間を切られてしまう可能性が高い。そのため、裏から攻め入る場合は、じっくり気攻めして、徐々に入りながら好機を待って打つことが望ましい。

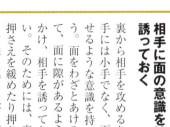

コツ No.23

小手　出ばな小手（下）

下から相手を攻め、我慢できずに出ようとしたその瞬間を逃さず、小手を打つ

流れ

ポイント

1. 間を詰めすぎると面を打たれやすくなる
2. 相手が手元を上げるまで待って攻め続ける
3. 相手が出ようとする瞬間小手を打ちにいく

剣道では、剣先を下げて下から攻めると、相手は嫌がるものだ。剣先が下にあると、竹刀を押さえるわけにもいかず、押さえようとすると、剣先を下に向け、自分本来の構えを崩すことになるからだ。

そこで、**相手を下から攻め続けると、相手は我慢できなくなり出てこようとする**。その瞬間を逃さず小手を打とう。**剣先が下にあるので、しっかり腰を入れ、相手の面を恐れず上から打つ意識を持ち**、打ったあとは、すぐに**相手の懐に飛び込めば**、相手に面を打たれることもない。

ポイント1 間を詰めすぎると面を打たれやすくなる

下から攻めると、相手は嫌がるものだ。剣先が下にあると、竹刀を押さえるわけにもいかないからだ。ただし、攻めていても、入りすぎてしまうと、面を打たれやすくなる、というリスクも発生する。下から攻める場合は、攻め勝っていたとしても、間を詰めすぎないよう注意しておこう。

ポイント2 相手が手元を上げるまで待って攻め続ける

下から攻める場合、相手が手元を上げ、我慢できなくなり出てくるまで攻め続けよう。相手が下がったとしても、わざと引き込んでいるかもしれないからだ。相手が明らかに動揺しているか判断するためにも、焦らずじっくり攻め続け、集中力を切らさずに手元を上げる瞬間を待とう。

ポイント3 相手が出ようとする瞬間小手を打ちにいく

下を我慢強く攻めていると、相手は我慢できなくなり、出てこようとするものだ。その瞬間までじっくり待ち、相手が出ようとした瞬間を逃さず、小手を打ちにいく。下からの小手では、振りが弱くなることもあるので、しっかり腰を入れて上から打つイメージを持っておこう。

指南+1 プラスワン

相手に打たれることより素早く懐に入ることを考える

早く打とうとするあまり、足捌きがおろそかになって上半身だけになってしまったり、相手の面を恐れ、横に逃げてしまうこともある。これでは一本にならないので、面を打たれることよりも、腰を入れて上から早く打ち、素早く相手の懐に入る意識を持とう。

コツ No.24

胴 | 右胴

相手に面を意識させ、強く攻め入って手元が上がった瞬間に右胴を打つ

流れ

ポイント

1. 表から強く攻め入り相手に面を意識させる
2. 我慢できず手元を上げるのをしっかりと見極める
3. 体を右斜め前方に捌きながら相手の右胴を打つ

相手の出ばなに胴を打つのであれば、相手には面を意識させる必要がある。手元を上げさせるためだ。そこで、**表から相手に攻め入り、崩しながら、面を意識させるなどして、面に誘っておこう。**そうしてさらに強く攻め、相手が我慢できなくなり**手元を上げた瞬間を狙って胴に飛び込めば**、一本を取ることができる。胴は平打ちや元打ちになる人が多いので、**体が相手と平行の状態のまま、剣先が自分よりも前にある状態で打つ**ことが重要だ。打ち終わったら、右斜めに送り足で抜けていく。

ポイント1 表から強く攻め入り相手に面を意識させる

まずは表から相手を攻めよう。強く攻め入ったりして、相手を崩すことが重要だ。このとき、相手には自分の面を意識させておく。面を打とうとして、手元を上げさせる必要があるからだ。そのためには、わざと面に隙があるように見せたりして、誘うよう心がけておこう。

ポイント2 我慢できず手元を上げるのをしっかりと見極める

こちらの攻めが効いていて、さらに強く攻め込むと、相手は我慢できず面にこようとする。その手元が上がる瞬間を逃さず胴を打ちにいくが、手元が上がるのをしっかり見極めるよう注意しておこう。相手の手元が上がらなければ、胴を打つことはできないからだ。

ポイント3 体を右斜め前方に捌きながら相手の右胴を打つ

相手の手元が上がったら、その瞬間を逃さず、右胴を打ちにいく。このときは、体を右斜め前方に捌きながら、体自体は相手と平行の状態を保ったまま打つよう心がけておかなければいけない。打ったあとは、追い打ちを避けるためにも、右斜めに送り足で相手の左を素早く抜けていこう。

指南+1 プラスワン

平打ちや元打ちにならない正しい胴の打ち方

右胴を打つとき、平打ちや元打ちになってしまうことがある。これでは一本にならないので、物打ちで刃筋正しく切ることを心がけておこう。そのためには、体が相手と平行で、かつ、竹刀を斜め下に振り、剣先が自分より前にある状態で打つといい。

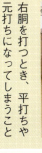

コツ No. 25

胴　左胴

相手の出ばなに左胴を打つには、面を意識させて出る瞬間に、左に捌きながら両膝を相手に向けて打つ

流れ

ポイント

1. 小手を攻めているように見せ面を意識させておく
2. 体を左に捌きながら相手の左胴を打つ
3. 体が崩れないように両膝を相手に向けて打つ

相手の出ばなに胴を打つのは、右胴だけではない。当然、左胴も有効打突であれば、一本を取ることができる。**相手を攻めて崩し、面を意識させるために、面に隙があるように見せておく**のは、右胴と同じだ。相手が出ようとして**手元を上げた瞬間、体を左に捌きながら左胴を打つ**が、左胴は右胴に比べて危険性が高くなるため、より逃げながら打ってしまうことが多い。正しく打つためには、**左に捌くとき、左足が開かず、両足の膝が相手に向くよう心がけておく**ことが重要となる。

ポイント1

小手を攻めているように見せ 面を意識させておく

まずは、相手を攻めて崩すことを考えよう。その上で、相手に面を意識させるため、こちらが小手を攻めているように見せておくといい。そのためには、剣先を下げたり裏を攻めたり、相手の小手を見たりする。相手を攻め入って崩しながら、我慢できずに相手が出ようとするのを待つ。

ポイント2

体を左に捌きながら 相手の左胴を打つ

相手が我慢できずに、面にこようとして手元を上げると胴があくので、その瞬間を逃さずに左胴を打とう。右足から大きく踏み込み、体を左に捌きながら相手との距離を取り、しっかり打つ。打ったあとは次の攻撃につなげられるよう、素早く相手に向き直り、正しい構えに戻る。

ポイント3

体が崩れないように 両膝を相手に向けて打つ

相手には面に誘っているため、右胴を打つよりも、左胴を打ちにいく方が、危険性が高くなる。そのため、特に左胴の場合では、逃げながら打とうとすることが多くなるものだが、これでは当然、有効打突にはならない。左足を開かず、両膝を相手に向けて、しっかり打つことが重要だ。

指南+1 プラスワン

左に捌くとき 相手との距離を取る

左胴を打つときは、左に体を捌きながら打つが、このとき、相手との間の取り方によって、距離が変わってくる。したがって、その状況に応じて、左横または左斜め後方に捌き、適度な距離が保てるようにしよう。自然と体を捌けるようになれることが理想だ。

コツ No.26
突き　表から攻めて突き

表から相手の竹刀を押さえ中心が取れるなら、さらに攻めて、相手が出る瞬時に突けば一本が取れる

流れ

ポイント

1. 表から相手に攻め入り相手を出させる
2. 出る瞬時を逃さず相手を突く
3. 状況に応じてもろ手か片手で突く

相手と攻め合いながら、表や裏から中心を取ろうとしたとき、どちらがより中心を取りやすく、また攻めやすいかを考えているはずだ。このとき、表から攻めた方が、より中心を取りやすいと判断したのであれば、表から先の気持ちで攻め入り、相手を崩そう。さらに攻め入って**相手が我慢できなくなり出てこようとする瞬間を逃さず、もろ手もしくは片手で突きを突けば、一本を取ることができる。**突くときは、**腕や上半身だけで突こうとせず、腰を入れて腰で突く**イメージを持っておこう。

ポイント1 表から相手に攻め入り相手を出させる

まずは、先の気持ちで表や裏から相手を攻めてみよう。状況にもよるが、相手の竹刀を表や裏から押さえてみて、裏よりも表の方が中心を取りやすい、自分の剣先を正中線に向けやすいと判断したら、表を押さえながらさらに攻め入って崩し、我慢できずに相手が出ようとするのを待つ。

ポイント2 出る瞬時を逃さず相手を突く

ポイント1でこちらの攻めが効いていて、さらに攻め入ると、相手は我慢できずに技を出してこようとする。その瞬間を逃さずに突きを狙う。このとき大切なのは、相手が出ようとする瞬間を、瞬時に見極めることだ。これができないと、突きにいっても失敗する可能性が高くなる。

ポイント3 状況に応じてもろ手か片手で突く

相手が出る瞬時を逃さず突きにいくが、この場合はもろ手でも片手でも、どちらでも構わない。自分の得意な突き方、あるいは状況に応じて瞬時に判断してもいい。ただし、特に片手で突く場合は、腰が引けてしまうことが多く見受けられるので注意しておく必要がある。

指南+1 プラスワン

腰を入れて突けば腰も引けず手元も浮かない

片手で突くときに腰が引けないようにするには、しっかり腰を入れて突くことを意識し、腕あるいは上半身だけで突こうとしないことだ。また、早く突こうとすると、手元が浮いてしまうことがあるので、腕や上半身ではなく、腰から突きにいく意識を持っておこう。

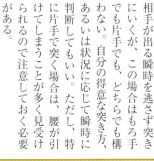

突き　裏から攻めて突き

コツ No.27

裏から相手の竹刀を押さえ中心が取れるなら、さらに攻めて、相手が出る瞬時に突けば一本が取れる

流れ

ポイント

1. 裏から相手に攻め入り相手を出させる
2. 相手が出る瞬間を見極め裏から突きにいく
3. 迷わず出足鋭く正中線上で突く

No.26では、相手との攻め合いの中で、表から中心を取りやすい場合の突きを解説したが、ここでは裏からの方が中心を取りやすい場合の突きを解説していく。

表からの突き同様、先の気持ちで裏から攻め入り、相手を崩そう。さらに攻め入って**相手が我慢できなくなり出てこようとする瞬間を逃さず、もろ手もしくは片手で突き**を突けば、一本を取ることができる。裏から突くとき、**片手の場合は左手で突くが、脇が開いてしまい手元が左に流れてしまうことが多いので注意**しておこう。

ポイント1 裏から相手に攻め入り相手を出させる

表からの突き同様、まずは、先の気持ちで表や裏から相手を攻めることが重要だ。先の気持ちなくして、一本を取ることはできない。その上で表よりも裏の方が剣先を正中線に向けやすいと判断したら、裏を押さえながらさらに攻め入って崩し、我慢できずに相手が出ようとするのを待つ。

ポイント2 相手が出る瞬間を見極め裏から突きにいく

こちらの攻めが効いていると確信できたら、さらに攻め入ってみよう。相手は我慢できずに技を出してこようとするので、その瞬間を逃さずに裏から突きを突く。相手が出ようとする瞬間をしっかり見極めることが重要だ。これができないと、突きにいっても失敗する可能性が高い。

ポイント3 迷わず出足鋭く正中線上で突く

裏から突く場合も、表からの突き同様、もろ手でも片手でも構わない。そのときの状況や自分の得意な突き方などを総合的に判断し、迷わず突くことが重要だ。ただし、裏から突くときは、出足鋭く、また特に片手で突く場合、正中線上で真っ直ぐ突くことを意識しておきたい。

指南+1 プラスワン

脇を締めて腰から突く

ポイント3で片手で突く場合は正中線上で突くと解説した。裏から片手で突く場合は左手で突きにいくわけだが、脇が開き肘が上がって手元が左に流れやすいからだ。これを防止するためには、脇を締めて正中線上で腰を入れて突きにいくことを意識しておこう。

流れ

突き　下から攻めて突き

下から攻めて相手が上から押さえようとしたら、その瞬間を逃さず手元を戻しながら突きを突く

ポイント

1. こちらが剣先を下げたとき相手が押さえにきたら突く
2. 表裏を見極め剣先を戻しながら突く
3. 中段の状態で腰を入れた突きを意識する

こちらが剣先を下げて攻め入ったとき、相手が動揺せず、手元を動かさなければ、攻めが効いているとは言えない。**逆に相手が剣先を下げ、こちらの竹刀を上から押さえてこようとするのであれば、攻めが効いている**。相手が竹刀を押さえにこようとして**手元を下げた瞬間を逃さず突きを突けば**、一本が取れる。このときは、**相手が表裏のどちらから押さえにくるのかを見て**おき、どちらから突くかを瞬時に判断しよう。剣先を戻しながら突きにいき、手先だけでなく腰から突きにいく。

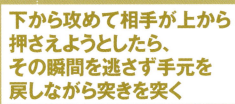

ポイント1 こちらが剣先を下げたとき相手が押さえにきたら突く

攻め合いの中で、表裏や下から攻めてみて、こちらが剣先を下げたときの、相手の動きをよく見ておこう。こちらの攻めが効いていて、相手が剣先を下げて上から押さえてこようとするなら、その瞬間がチャンスと言える。相手が剣先を下げた瞬間に、突きを突きにいこう。

剣先を下げたとき
相手が押さえにくる

ポイント2 表裏を見極め剣先を戻しながら突く

ポイント1では、相手が剣先を下げて押さえにこようとしたときがチャンスと解説した。このとき、表から押さえにくるのか、裏から押さえにくるのかを見て、どちらから突くか判断しよう。そして好機を逃さず、剣先を中段に戻しながらもろ手または片手で突いていく。

裏表どちらから
押さえるかを見る

ポイント3 中段の状態で腰を入れた突きを意識する

ポイント2で剣先を中段に戻しながら打つと解説したが、中段に戻してから突きにいったのでは遅くなる。突きにいく過程の中で竹刀を中段に戻していくイメージを持っておくことが重要なのだ。また、しっかり腰が入った状態で、腰の入った突きを意識しておこう。

中段の構えで
腰を入れて突く

指南+1 プラスワン

手先だけの突きでなく腰からの突きを意識する

手先だけの突きでは
いけない

剣先を下に向けた状態から突きにいくため、手元を戻すことばかりに気を取られてしまうと、手先だけの突きになりがちだ。しかし、下半身が伴っていなければ、正しい打突にはならない。腰を入れた腰からの突きになるよう、強く意識しておきたい。

剣道上達の心得 ―2―

技癖

人には、それぞれ癖というものがある。剣道でも同じことで、人それぞれに技術上の悪癖があるもの。これを技癖といい、剣道上達を妨げる大きな原因である。師範や指導者から技癖を指摘され正しい技術を指導されたのなら、最も大切なこととして技癖を直すよう努めることが必要である。

大強速軽

稽古のとき「大きく」「強く」「速く」「軽妙な」打突を心がけるよう説いた言葉。これを修行し実践することで、冴えのある打突が実現できるようになる。技は大きく、充実した気力を持ち、息を抜かずに油断もせず、足を使って思い切りの良い稽古を心がけると上達も早い。

中墨をとる

中墨は大工用語で、墨縄で作る中央線のこと。剣道においては、自分の中心と相手の中心線を意味し、自分の剣先を相手の中心から外さないようにすること。たとえ打たれたとしても、中墨の外れない剣道は風格があり、打たれなかったとしても、剣先が左右に動いているのでは見苦しく足軽稽古と言われる。

第三章

後の先で打つ

すり上げや返し技に代表される、後の先の技。相手の技の引き出し方と、その技に応じて打突するまでを解説する。

コツ No.29

面 | 面すり上げ面（表）

面を見せながら相手を充分に攻め、相手が面にきた瞬間、体を右に捌きながらすり上げれば、面を打つことができる

流れ

ポイント

1. 相手を充分に攻めて正面を打ってこさせる
2. 体を右に捌きながら半円を描くようにすり上げる
3. すり上げから打つまでを一連の動作でおこなう

こちらの攻めが効いていて、相手が我慢できずに打ってくることがある。そのような状況になったら、あえて面を見せるなどして、相手を面に誘おう。**相手が面にきたら、足捌きで体を右に捌きながら手元を前に出し、相手の竹刀をすり上げながら面を打つ**。

すり上げは表から**半円を描くようにおこない、そのまま剣先を中心に戻しながら正面、あるいは左面を打つ**といい。相手との間合いなど、状況に応じて捌く位置を変え、刃筋正しく打てば一本を取ることができる。

ポイント1 相手を充分に攻めて正面を打ってこさせる

応じ技と言っても、相手に攻められて、それに応じるわけではない。こちらが相手を充分に攻めておき、相手が打たざるを得ない状況を作ることが大切だ。これを忘れず、充分に攻めながら、面に隙があると見せて、相手が我慢できず、正面を打ってくるように仕向けよう。

ポイント2 体を右に捌きながら半円を描くようにすり上げる

相手が面にきたら、体を右に捌きながら竹刀を表から半円を描く要領ですり上げる。相手の竹刀をすり上げるには、自分の体の近くではなく、手元を前に出し、遠く（前方）でおこなうようにし、剣先ではなく、竹刀の中ほどを使ってすり上げるイメージを持っておくといい。

ポイント3 すり上げから打つまでを一連の動作でおこなう

ポイント2で相手の竹刀をすり上げたら、そのまま竹刀を中心に戻しながら正面、あるいは左面を打つ。すり上げから打つまでを一連の動作でおこなうことが重要だ。もちろん、面を打つときは、刃筋正しく打たなければ一本にならないので、中心に戻しながら正しく打つよう心がけよう。

指南+1 プラスワン 体を右に折り上半身だけで捌かない

ポイント2では、右に捌きながらすり上げると解説したが、右への捌きは、相手との間合いやスピードなど、状況に応じて右斜め前、横、右斜め後ろなどに変える必要がある。また、体を右に折り、上半身だけで捌こうとせず、足捌きで右に移動するよう心がけよう。

面　面すり上げ面（裏）

相手を充分に攻め、我慢できずに面にきたら、左に捌きながら裏からすり上げ、そのまま面を打つ

流れ

ポイント

1. 表から攻め入り相手に面にこさせる
2. 左に体を捌きながら手首の返しを使ってすり上げる
3. 裏からすり上げたら一連の動作で面を打つ

No.29では表からの面すり上げ面を解説したが、裏からすり上げて面を打つこともできるので解説していこう。裏から相手の面をすり上げて面を打つ場合、**相手の面を左に捌きながらすり上げ**る。このときは**手元を前に出し、前方で手首を返しながら小さく半円を描くようにしてすり上げよう**。ただし、裏からのすり上げは、**自分の左拳が中心を外れやすいので、特に注意**しておくことが必要だ。すり上げたら、そのまま**竹刀を中心に戻しながら正面、あるいは右面を刃筋正しく打てばいい**。

ポイント1　表から攻め入り相手に面にこさせる

表からのすり上げ面同様、相手に攻められて、それに応じるわけではない。こちらが相手を充分に攻めておき、相手が打たざるを得ない状況を作らなければいけない。表から攻め入り、充分に攻めながら、面に隙があると見せて、相手が我慢できず、正面を打ってくるように仕向けよう。

ポイント2　左に体を捌きながら手首の返しを使ってすり上げる

相手が我慢できず面にきたら、体を左に捌きながら、竹刀を裏から小さく半円を描くようにすり上げる。すり上げるときは、自分の近くではなく、手元を前に出し、前方で手首の返しを使っておこなうといい。また、自分の剣先が正中線から大きく外れないように捌くことも大切だ。

ポイント3　裏からすり上げたら一連の動作で面を打つ

相手の竹刀を裏からすり上げたら、剣先を中心に戻しながら相手の正面、あるいは右面を打つ。すり上げと剣先の戻しと打突が一連の動作でおこなわれることが望ましい。もちろん、面を打つときは、刃筋正しく打とう。裏からすり上げる場合、左拳が正中線から外れやすいので注意が必要だ。

指南+1 プラスワン　避けることと捌くことの違い

相手の技を捌く、あるいは相手の技を避ける。似ているように思うかもしれないが、このふたつには決定的な違いがある。避けてしまうと、次に技が出せないが、捌きとは次に技が出せる状態、次につながる動きを指す。自分の体が崩れない捌き方を身につけておこう。

コツ No. 31

面　面返し面（表）

我慢できず面にきたところを、体を左に捌きながら竹刀の左側で返し、左拳を中心に右拳を返して右面を打つ

流れ

ポイント

1. 相手に攻め入り面を打ちにこさせる
2. 手元を前に出し相手の竹刀に応じる
3. 左拳を軸に右拳を返し一拍子で面を打つ

相手が面にきたら、それを返して面を打つ面返し面は、相手がきたから応じるのではなく、**相手に面にこさせて、それに応じることが大切**だ。そのためには、こちらが攻め入り、**相手が我慢できずに打ちにくる状況を作る**必要がある。相手が面にきたら、**体を左に捌きながら手元を前に出して、自分の体の前方で相手の竹刀を返そう**。そして、**左拳を中心に右拳を小さく返し、相手の右面を打つ**。返しから面を打つまでの動きを一拍子でおこなえるよう、普段の練習で身につけておこう。

ポイント1 相手に攻め入り面を打ちにこさせる

まずはこちらから攻め入り、相手が我慢できずに打ってくるような状況を作ろう。そのためには、攻め勝っていることが重要だ。その上で、相手に正面を打ってこさせるようにするため、わざと面に隙を見せるなどする。それからさらに攻め、相手が面にきたら、開き足で左足から左に捌く。

ポイント2 手元を前に出し相手の竹刀に応じる

ポイント1で体を左に捌いたら、捌きながら自分の竹刀の表（左側）を使い、すり上げるようにして応じよう。このときは、手元を自分の近くではなく、自分の体の前に出して、前方で捌くことを心がけるといい。また、剣先ではなく、竹刀の中ほどを使い応じるようにしよう。

ポイント3 左拳を軸に右拳を返し一拍子で面を打つ

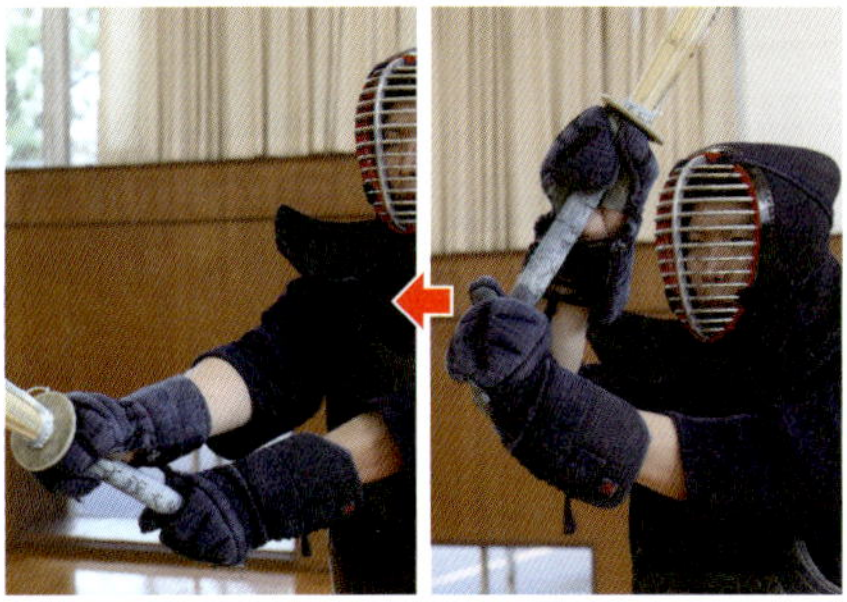

相手の竹刀に応じたら、それと同時に竹刀を返して右面を打とう。手首を柔らかくして応じ、左拳を軸に小さく右拳を返して右面を打つといい。応じから打つまでを一拍子、一挙動でおこなえるように意識しておく。手首に力が入って硬くなっていると、一拍子で打てなくなる。

指南+1 プラスワン

相手の手元が伸び切る直前に応じる

相手の竹刀を返すときは、相手の手元が伸び切ろうとした瞬間がいい。早く応じようとしすぎると、相手が打ちにくるのをやめてしまうことがあるからだ。手元が伸び切る瞬間であれば、後戻りできない。また、面を打つ瞬間は、図のように体捌きで相手と正対しよう。

面 面返し面（裏）

面にこさせ、右に捌きながら竹刀の右側で返し、側面正対から相手の右面を打つ

流れ

ポイント

1. 相手に攻め勝ち面にこさせる
2. 手元を自分の体の前に出し相手の竹刀に応じる
3. 面を返したら側面正対から右面を打つ

No.31では表からの面返し面を解説したが、相手の面を裏から返し面を打つこともできる。

この場合も、相手がきたから応じるのではなく、**相手に面にこさせて、それに応じる**ことが大切だ。

そして相手が面にきたら、**足捌きで体を右に捌きながら手元を前に出し、自分の体の前方で相手の竹刀を返そう**。このとき、**左拳が中心を外さないように注意し、相手の面を返したら切り返しの要領で相手の右面を打つ**が、**上半身だけをひねり、手先だけで打ちにいかない**よう心がけておこう。

ポイント1 相手に攻め勝ち面にこさせる

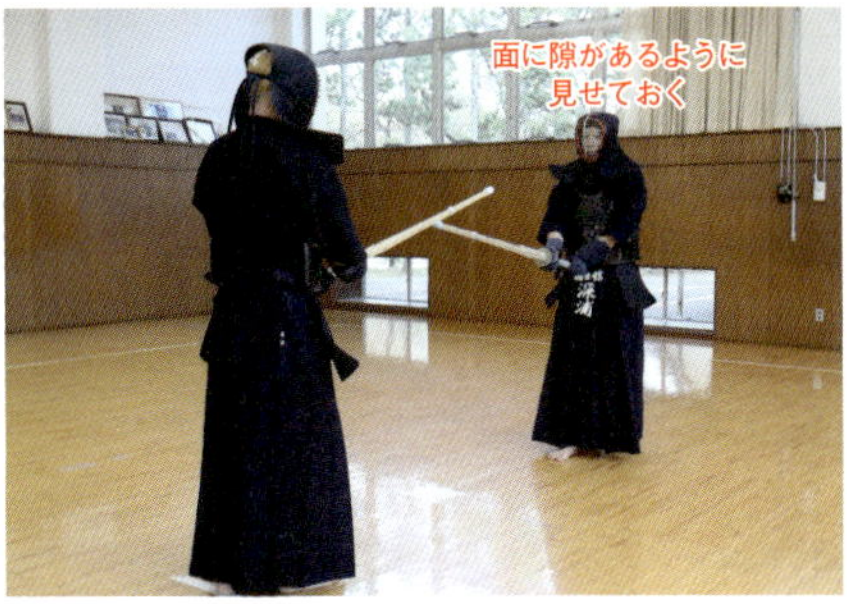

こちらから攻め入り、相手が我慢できずに打ってくる状況を作ることが大切だ。そのためには、攻め勝っていることが重要だ。その上で、相手に正面を打ってこさせるようにするため、わざと面に隙があるように見せ、それからさらに攻め、相手が面にきたら、開き足で右足から右に捌く。

ポイント2 手元を自分の体の前に出し相手の竹刀に応じる

体を右に捌いたら、捌きながら自分の竹刀の右側を使い、すり上げるようにして応じる。このときは、手元を自分の近くではなく、自分の体の前に出して、前方で捌こう。そして相手の竹刀を返したら、剣先は大きく、手元は小さく動かすことを心がけ、切り返しの要領で竹刀を返す。

ポイント3 面を返したら側面正対から右面を打つ

ポイント1で体を右に捌くと解説したが、体を捌くと同時に、返す技も一連の動作でおこないながら、相手の右面を打つよう心がけておこう。面を打つときは、自分の体が相手と正対している必要がある。つまり、相手の右に捌き、右側面から正対するよう心がけておこう。

指南+1 プラスワン 上半身だけをひねって面を打ちにいかない

相手の面を返したあと、上半身だけで体をひねり面を打とうとすることがある。これでは有効打突にはならないので、足捌きで下半身を伴った打ちを心がけよう。また、相手の竹刀を返すときは、手の内を柔らかくして、左拳を中心から外さないように注意しておく。

コツ No.33

面　面抜き面（表）

相手に面にこさせておいて、足捌きで右に捌いて抜き、相手に空を打たせれば左面を打つことができる

流れ

ポイント

1. 相手に面にこさせて右に捌いて空を打たせる
2. 相手の体が伸び切ったところで面を打つ
3. 竹刀を大きく振りかぶり振り上げ振り下ろしを鋭く

相手に空を打たせておいて、こちらが打突にいく抜き技は、相手に打ちにこられてしまったのでは、抜くのは難しい。**こちらが攻め勝ち、相手に打ちにこさせてはじめて抜ける**と覚えておこう。

我慢できずに面を打ちにきた相手に対し、**足捌きで右に捌いて空を打たせておいて、相手の体が伸び切ったところで左面を打つ**。面抜き面の場合、頭だけで抜こうとせず、足捌きを使い、**体全体で抜くことが大切**だ。その上で、しっかり振りかぶり、正しい打ちを心がける。

ポイント1 相手に面にこさせて右に捌いて空を打たせる

相手の面を抜くには、こちらが先の気持ちで攻め、正面に打ち込んでこさせることが重要となる。そのためには、相手に攻め勝ち、相手が我慢できずに打ちにくるような状況を作らなければいけない。そして、面にきたところで、体を右に捌き、相手に空を打たせればいい。

ポイント2 相手の体が伸び切ったところで面を打つ

相手に空を打たせたら、体を捌きながら相手の体が伸び切ったところで面を打つ。体捌きのタイミングが早すぎると、相手が途中で打つのを止めてしまう可能性がある。逆に遅すぎると、相手に打突されたり、捌いたとしても、間合いが近すぎて正しい打ちができなくなる可能性が高くなる。

ポイント3 竹刀を大きく振りかぶり振り上げ振り下ろしを鋭く

ポイント2では面を打つタイミングについて触れたが、相手の面を打つときは、大きく振りかぶり、相手の左面を打つことが重要だ。相手の体は伸び切っているはずなので、慌てて打ちにいくのではなく、しっかり大きく振りかぶり、刃筋正しくを心がけて、一本を取ろう。

指南+1 プラスワン

相手との間合いによって捌き方を変える

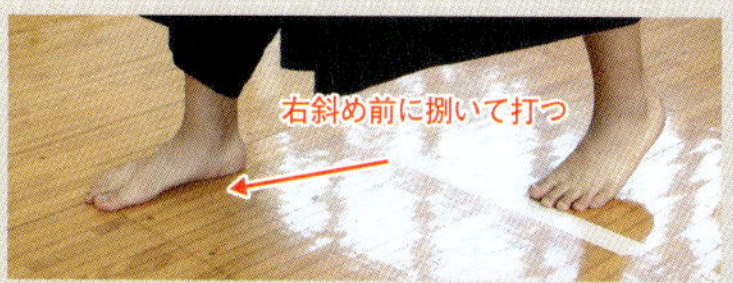

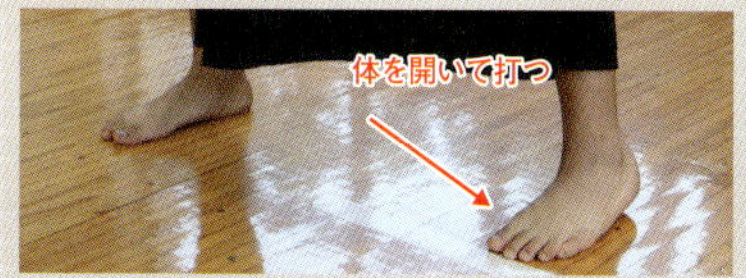

相手の面を抜いたときの間合いによって、右斜め前に捌くのか、あるいは体を開いて打つのかを瞬時に判断しよう。また、抜きと打ちが一連の動作でおこなわれることも重要だ。抜くときは頭だけで抜かず、足捌きを使い、体全体で抜くことも忘れずにおきたい。

面　面抜き面（裏）　コツ No.34

相手に面にこさせ、足捌きで左に捌いて抜き、相手に空を打たせれば右面を打つことができる

流れ

ポイント

1. 面にこさせて左に捌き空を打たせる
2. 相手の体が伸び切ったところを瞬時に見極める
3. 体を左に捌き大きく右面を打つ

No.33では表からの面抜き面を解説したが、左に捌いて抜き、右面を打つこともできる。

もちろん裏から抜く場合も、**こちらが攻め勝ち、相手に打ちにこさせてはじめて抜ける。**我慢できずに面を打ちにきた相手に対し、**足捌きで左に捌いて空を打たせ、相手の体が伸び切ったところで右面を打つ。**左に捌いて面を抜いて面を打ちにいく場合、**大きく振りかぶり正しい打突をおこなうのは基本**だが、力のない人や女性は、**面返し面の要領で、円運動を利用して竹刀を返して打ちにいってもいい。**

ポイント1 面にこさせて左に捌き空を打たせる

右に捌いてからの面抜き面同様、相手の面を抜くには、こちらが先の気持ちで攻め、正面に打ち込んでこさせることが重要だ。そのためには、相手に攻め勝ち、相手が我慢できずに打ちにくる状況を作らなければいけない。そして、相手が面にきたら、体を左に捌き、空を打たせよう。

左に捌いて空を打たせる

ポイント2 相手の体が伸び切ったところを瞬時に見極める

相手の面を抜いて打つ場合、相手の体が伸び切ったところで、体を捌きながら面を打とう。このタイミングが早すぎると、相手が途中で打つのを止めてしまったり、逆に遅すぎると相手に打突されたり、間合いが詰まりすぎて有効打突が打てなくなる。タイミングを瞬時に見極めよう。

相手の体が伸び切ったところで打つ

ポイント3 体を左に捌き大きく右面を打つ

ポイント2で相手の体が伸び切ったところを瞬時に見極めたら、体を左に捌き右面を打とう。面を打つときは大きく振りかぶり、刃筋正しくを忘れずに実践しよう。相手の体は伸び切っているので、しっかりと振りかぶって、確実に一本が取れる打ちを心がけておこう。

指南+1 プラスワン

力のない人や女性は面返し面の要領で打とう

相手の面を抜いたら、面返し面の要領で体を捌きながら剣先で円を描くようにして、円運動を利用して右面を打ってもいい。この方法は、特に女性や力のない人にとっては効果的な打ち方だ。どちらの打ち方の場合でも、刃筋正しく打つことを心がけておこう。

小手を見せて攻め入り相手に小手を打ちにこさせて、手首を右斜め前にすり上げ、小さく鋭く小手を打つ

流れ

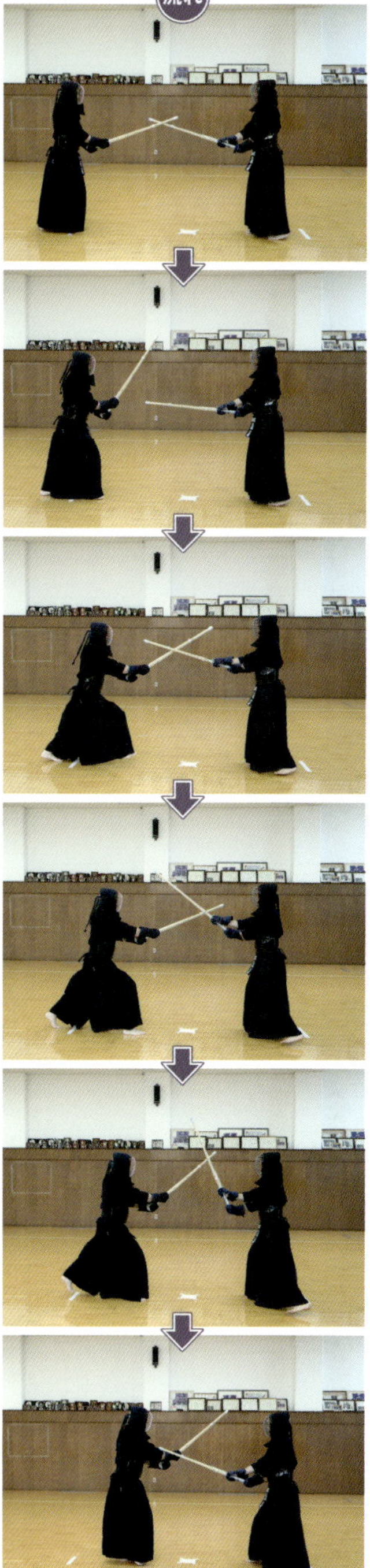

ポイント

1. 小手を見せながら相手に攻め込む
2. 手元を返しながら前に出し半円を描くようにすり上げる
3. 手元の返しを戻しながら小さく鋭く小手を打つ

相手に対し、小手に隙があるように見せて先の気持ちで攻め込み、我慢できずに小手を打ちにきたところで、それをすり上げて小手を打つ。相手の打ちをすり上げるには、**相手に打ちにこさせることが重要**となる。その上で**手首を右斜め前に出して相手の竹刀をすり上げ、手元を中心に戻しながら小さく鋭く小手を打て**ば、一本を取ることができる。技を小さくするので、それを力強い打ちにするためには、**手先だけで打ちにいかず、しっかり腰を入れて剣先を鋭く振って打つ**ことが大切だ。

ポイント1 小手を見せながら相手に攻め込む

相手の小手をすり上げて小手を打つには、まず先の気持ちで相手を攻めなければいけない。こちらの攻めが効いていて、相手が我慢できずに小手を打ちにくるよう仕向けよう。そのためには、あえて小手を見せながら攻め込み、相手に小手を意識させ、小手を誘わなければいけない。

ポイント2 手元を右斜め前に出し前に出し半円を描くようにすり上げる

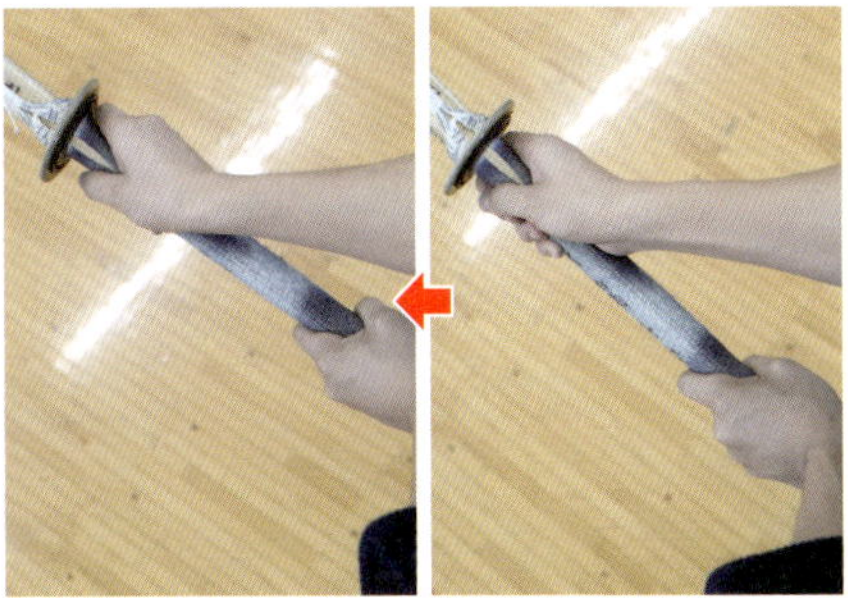

相手が小手にきたら、左拳を中心から外さないよう注意しながら手元を右斜め前に出しながら半円を描くように相手の小手をすり上げる。手元の返しは、右手の甲を自分の方に向けるようなイメージだ。そして竹刀の中ほどから手元の部分を使って、相手の竹刀をすり上げるといい。

ポイント3 手元の返しを戻しながら小さく鋭く小手を打つ

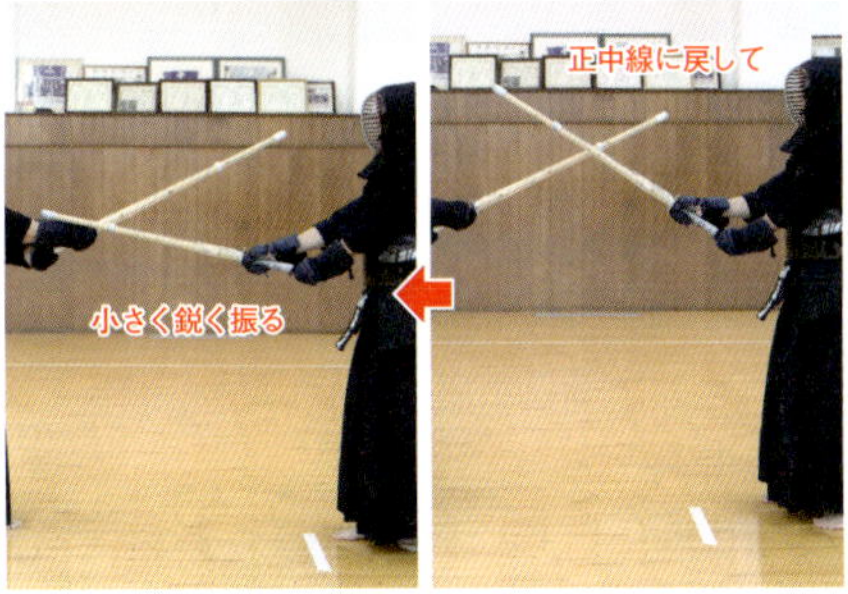

ポイント2で相手の小手をすり上げたら、手元を正中線に戻しながら返した手元も戻しつつ、そのまま上から右小手を打ちにいこう。相手の小手をすり上げるのと同時に、技は小さく、それでいて振りは鋭く、を心がけておくと、力強い打ちにつながり、有効打突になりやすくなる。

指南+1 プラスワン

左足から左斜め後方に捌き上半身だけで捌こうとしない

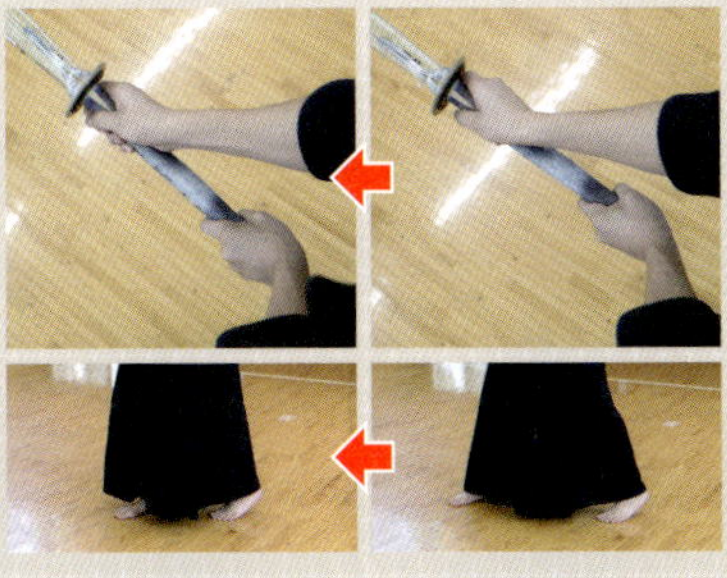

相手の小手をすり上げて小手を打つ場合は、左足から左斜め後方に捌こう。そして右足を引き付けると同時に素早く小手を打つことが重要となる。上半身だけを左に傾けて打とうとしたり、開き足になってしまうと、正しい打ちにならなくなるので注意しておこう。

コツ No.36

小手 面すり上げ小手

面を見せて攻め入り 相手に面を打ちにこさせて、左に捌いてすり上げれば、空いた右小手が打てる

流れ

ポイント

1. 面を見せながら先の気持ちで攻め入る
2. 体を左に捌きながら裏からすり上げる
3. 裏から竹刀をすり上げたら真っ直ぐ右小手を打つ

No.35では、相手に小手にこさせて、それをすり上げて小手を打ったが、相手に面を見せておき、面にきたところで、それをすり上げ、小手を打つこともできる。

相手が面にきたら、**足捌きを使って体を左に捌きながら、裏から竹刀をすり上げよう**。相手の竹刀をすり上げるときは、**中ほどをすり上げる**といい。そして**剣先を正中線に戻しながら、瞬時に、真っ直ぐ竹刀を下していき、相手の右小手を打つ**。左への**捌きは大きければ大きいほど、相手の小手が見える**ので、打ちやすくなる。

ポイント1 面を見せながら先の気持ちで攻め入る

相手に面にこさせるためには、面をあけるなどして先の気持ちで攻め入ろう。こちらの攻めが効いていて、相手が我慢できずに面を打ちにくるのを誘わなければいけない。もし誘っているのではなく、こちらが充分でない状態で打ちにこられてしまったのでは、応じられなくなってしまう。

面を見せながら攻め入る

ポイント2 体を左に捌きながら裏からすり上げる

相手が正面にきたら、足捌きで体を左に捌きながら、裏から相手の竹刀の中ほどをすり上げる。このとき重要なのは、左に捌いたときに体が相手と正対していなければいけない、ということだ。つまり側面正対の状態になりながら相手の竹刀をすり上げる、ということだ。

左に捌きながらすり上げる

ポイント3 裏から竹刀をすり上げたら真っ直ぐ右小手を打つ

半円を描くようにして裏から相手の竹刀をすり上げたら、そのまま竹刀を正中線に戻しつつ、真っ直ぐに竹刀を下していき、瞬時に相手の右小手を打とう。面をすり上げてから小手を打つまでを一挙動でおこなわないと、効果的な打ちにならないので注意しておこう。

指南+1 プラスワン 左への捌きが大きいほど小手が見えやすくなる

左への捌きは大きいほど小手を打ちやすくさせることができる。相手の小手がよく見えるからだ。また、ポイント3では瞬時に小手を打つと解説したが、これは、面をすり上げたときは剣先が上にあり、小手までの距離が長いので、相手にかわす余裕を与えないためだ。

コツ No. 37

小手 小手返し小手

竹刀を表から軽く押さえて攻め、小手に隙があるように見せ相手を小手に誘えば、それを返して小手が打てる

流れ

ポイント

1. 先をかけて表から相手の竹刀を押さえ気味に攻めていく
2. 小手に隙があるように見せ小手を打ち込ませる
3. 左斜め後方に引きながら竹刀を右斜め下に開いて応じる

相手の竹刀を表から軽く押さえて攻め込み、小手に隙があるように見せかけ、相手に小手を打ち込みにこさせることができれば、それを返して小手を打つことができる。攻め込むとき、**相手の竹刀を押さえすぎてしまうと、相手の小手を返しにくい**。また、押さえられるのを嫌がり、相手が裏に返してしまうなど、小手を誘うことができなくなる。小手を返すときは**左斜め後方に捌きながら剣先を右斜め下に開き、応じたら手元を小さく返し、相手の竹刀に沿うように竹刀で打ちにいく**。

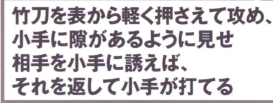

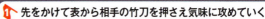

ポイント1 先をかけて表から相手の竹刀を押さえ気味に攻めていく

先をかけて相手の竹刀を表から押さえ気味に攻めていこう。大切なのは「軽く押さえる」ということだ。押さえすぎてしまうと、相手がそれを嫌がり裏に返されてしまい、小手にいきにくくなってしまう。また、相手が小手にきたとき、返しにくくなってしまうという弊害が生じる。

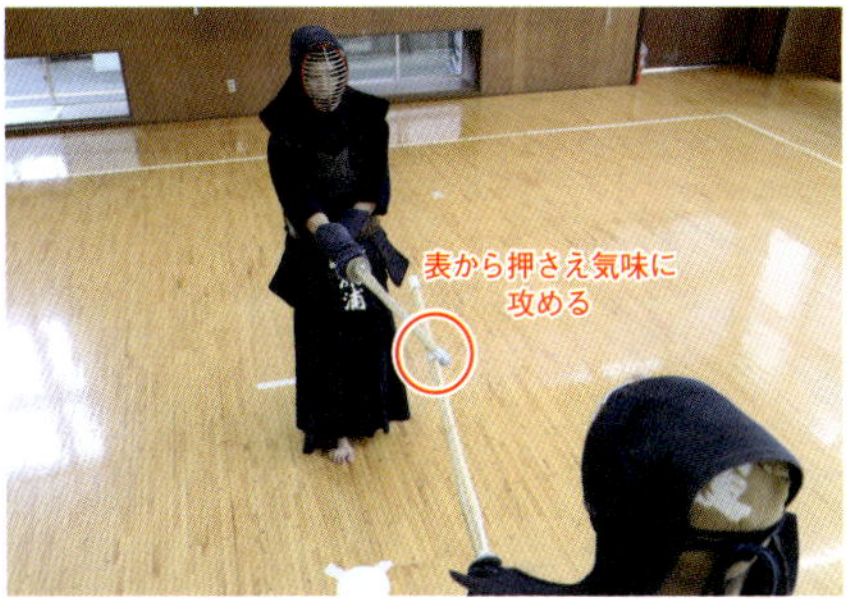

ポイント2 小手に隙があるように見せ小手を打ち込ませる

ポイント1では、相手の竹刀を軽く押さえて攻めると解説した。軽く押さえて攻めることで、剣先がやや開き気味になることから、小手が空き、相手には小手に隙があると思わせることができる。この状態で相手に攻め入れば、小手を打ち込みにこさせることができる。

ポイント3 左斜め後方に引きながら竹刀を右斜め下に開いて応じる

相手が小手にきたら、左足から左斜め後方に引きながら、剣先が右斜め下にくるよう、開きながら下げよう。そして、竹刀の左側（表）で応じ、瞬時に手の内を使って竹刀を返し、右足を踏み込みながら小手を打つ。竹刀は上から下へと真っ直ぐに下していくといい。

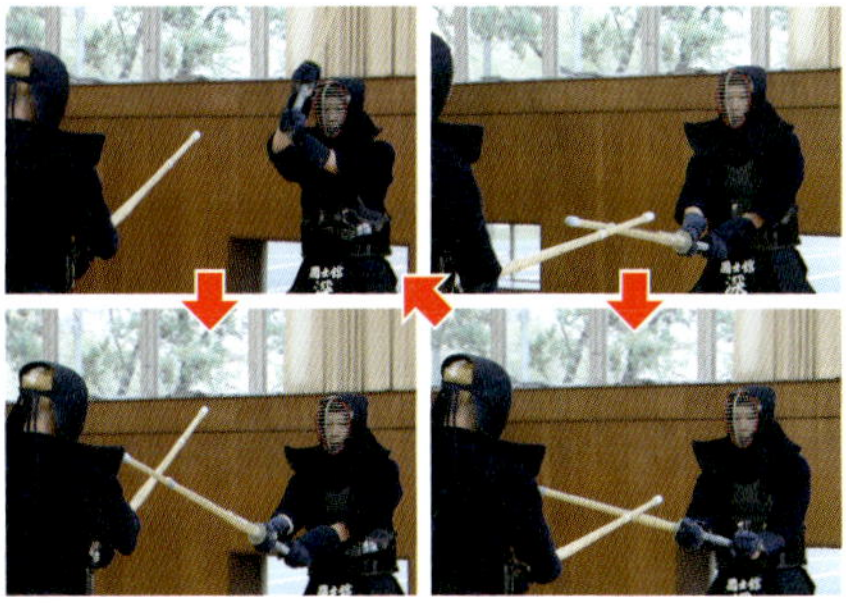

指南+1 プラスワン

手元は小さく剣先は小さく円を描く

ポイント3で左斜め後方に引くと解説したが、この間の取り方は、その状況に応じて、適切な位置に引けるようにしておこう。また、竹刀を返すときは、手元は小さく、剣先は小さく半円を描くように回すようなイメージを持ち、頂点から相手の小手に真っ直ぐ下ろす。

コツ No. 38

小手　小手抜き小手

表から軽く押さえて攻め、小手を見せて相手に狙わせ、相手の小手を剣先を下げて抜けば小手が打てる

流れ

ポイント

1. 相手の竹刀を表から軽く押さえて攻める
2. 押さえ気味にして小手を見せ相手に小手を狙わせる
3. 左斜め後方に捌きながら剣先を下げて小手を抜いて打つ

No.37では、こちらの小手に隙があるよう見せかけて小手にこさせ、それを返して小手を打ったが、ここでは同様の方法で小手にこさせ、その小手を抜いて小手を打つ方法を解説していく。相手を小手に誘うまではNo.36と同じように、**相手の竹刀を軽く押さえて少し開きながら攻め入って小手を見せる。**相手が小手にきたら**左斜め後方に捌きながら剣先を下げ、竹刀を下から上に振り、右小手を打つ。**このとき、**体が相手と正対している必要があるので、左に捌いたときの左足の向きに注意**しよう。

ポイント1 相手の竹刀を表から軽く押さえて攻める

No.37同様、先をかけて相手の竹刀を表から押さえ気味に攻めよう。押さえすぎるのではなく、押さえ気味にするのがポイントだ。押さえすぎてしまうと、相手がそれを嫌がり裏に返され、小手にいきにくくなってしまう。また、相手が小手にきたとき、抜きにくくなってしまう。

ポイント2 押さえ気味にして小手を見せ相手に小手を狙わせる

相手の竹刀を押さえ気味に攻めるのは、こちらの小手に隙があるように見せかけるためでもある。相手の竹刀を押さえ気味にすれば、剣先がやや開き、相手には小手を見せることができるからだ。この状態で相手に攻め入れば、小手を打ち込みにこさせることができる。

ポイント3 左斜め後方に捌きながら剣先を下げて小手を抜いて打つ

相手が小手にきたら、左足右足の順に左斜め後方に捌くと同時に、剣先を下にさげて、相手の小手を抜こう。そして下にさげた剣先を上げながら、相手の右小手を打てばいい。このときは、大きく振りかぶるのではなく、小さく振りかぶり、腰を入れて鋭く打つことが重要だ。

指南+1 プラスワン

相手と正対して打てるよう左足を開かない

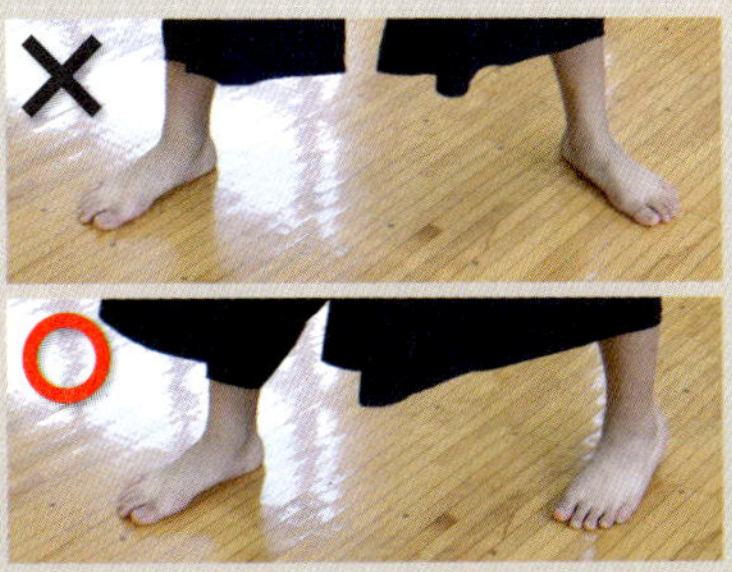

小手を打つとき、体が相手から逃げた状態で打つことが多い。これでは正しい打ちにならないので、必ず相手と正対して打とう。そのためには、左足を開かず、両方のつま先が相手に向くように注意しておく。特に左斜めに捌いたときの左足の向きに注意しておこう。

コツ No.39

小手　面抜き小手

中段の構えから下を攻め、面に隙を見せておいて面を打ち込ませて、左に捌いて抜き、小手を打つ

流れ

ポイント

1. 剣先を下げて下を攻め面に隙を見せておく
2. 左に捌きながら面を抜き相手に正対する
3. 振りかぶりを小さくし上から竹刀を振り下ろす

No.38では、相手の小手を抜いて小手を打つ方法を解説した。ここでは、相手の面を抜いて小手を打つ方法を解説していく。まずは先の気持ちで、中段の構えから相手の**下を攻めていく**。**剣先を下げることで、相手に面が空いているように見せ**、面を打ち込んでこさせる。相手が面にきたら、**足捌きで左に捌いて面を抜きながら、剣先を下から上に振りかぶり、上から小手を打ち**にいく。左に捌くとき、**充分に捌いて相手と側面正対することが重要**だ。平打ちにならないように注意しよう。

ポイント1　剣先を下げて下を攻め面に隙を見せておく

面に隙を見せる
深浦
剣先を下げて
攻める

先の気持ちで、中段の構えから相手の下を攻めていこう。剣先を下げて攻めることで、面が空いているように見せ、相手に面に隙があると思わせておく。その上でさらに攻め入り、面に打ち込んでこさせよう。面を打ってきたからではなく、あくまでも面に打ってこさせる。

ポイント2　左に捌きながら面を抜き相手に正対する

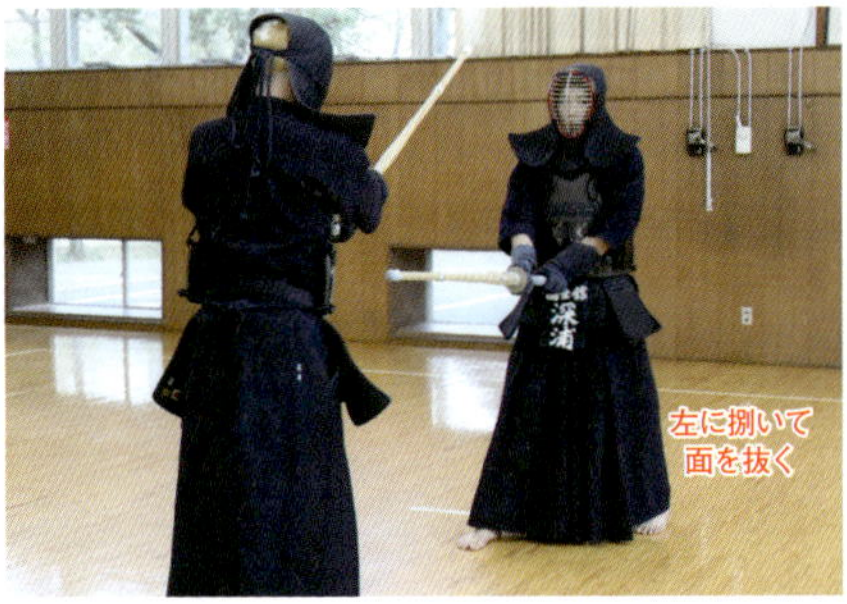
深浦
左に捌いて
面を抜く

相手が面を打ってきたら、左足から左に捌きながら相手の面を抜こう。後方に捌いて抜くと、下がりすぎてしまったときに、小手を打つ間が遠くなってしまう。左に捌くことで面を抜くだけでなく、小手も打ちやすくなる。左に捌いたときは、相手に正対していることを心がける。

ポイント3　振りかぶりを小さくし上から竹刀を振り下ろす

1
2
3

ポイント2で左に捌きながら正対するが、このとき同時に右足を引き寄せながら、竹刀を下げ、振りかぶりを小さくし、剣先が頂点にきたら、そこから真っ直ぐ振り下ろし、相手の右小手を打つ。手元は小さく動かし、剣先の振り上げと振り下ろしも小さく、そして鋭く打つよう意識する。

指南+1 プラスワン

素早く側面正対し、平打ちに注意する

相手の側面から
相手に正対する

体は充分に捌いて、相手にしっかり正対しよう。つまり側面正対の体勢になるわけだ。小手を打つときは、横から平打ちにならないよう注意しておく必要がある。また、体捌きは素早くおこない、しっかり相手に体を向け、刃筋正しく打つことを心がけておこう。

コツ No.40

面 | 小手すり上げ面

相手の竹刀を押さえながら小手に隙を見せて意識させ、相手に小手にこさせれば、それをすり上げて面が打てる

流れ

ポイント

1. 相手の竹刀を表裏から押さえ小手に隙があるように見せる
2. 反時計回りに半円を描くように竹刀をすり上げて面を打つ
3. すり上げから打つまでを一連の動作で素早く打つ

No.35では、相手の小手をすり上げて小手を打つ方法を解説したが、同様に相手の小手をすり上げ、小手ではなく面を打つこともできるので、その方法を解説する。

先の気持ちで相手に攻め込み、相手に面にこられないよう、**竹刀を押さえながら自分の小手に隙があるように見せておく**。相手に小手を意識させ、誘うことが重要だ。そして**相手が小手にきたら、竹刀の中ほどから鍔元にかけての部分で反時計回りに半円を描くように相手の竹刀をすり上げ**、そのまま面を打ちにいけばいい。

ポイント1 相手の竹刀を表裏から押さえ小手に隙があるように見せる

先の気持ちで、相手に攻め込んでいこう。このとき大切なのは、相手に面を打たせないよう、表裏から相手の竹刀を押さえることだ。それと同時に、自分の小手に隙があるように見せ、小手を意識させておくことだ。相手に小手を見せておいて、小手に誘うことが重要だ。

ポイント2 反時計回りに半円を描くように竹刀をすり上げて面を打つ

相手がその誘いに乗じて小手にきたら、相手の竹刀をすり上げて面を打つ。すり上げる場合は、手元を前方に出し、自分の剣先を反時計回りに半円を描くように竹刀の中ほどから鍔元にかけての部分ですり上げるといい。そのまま剣先を中心に戻しながら正面を打とう。

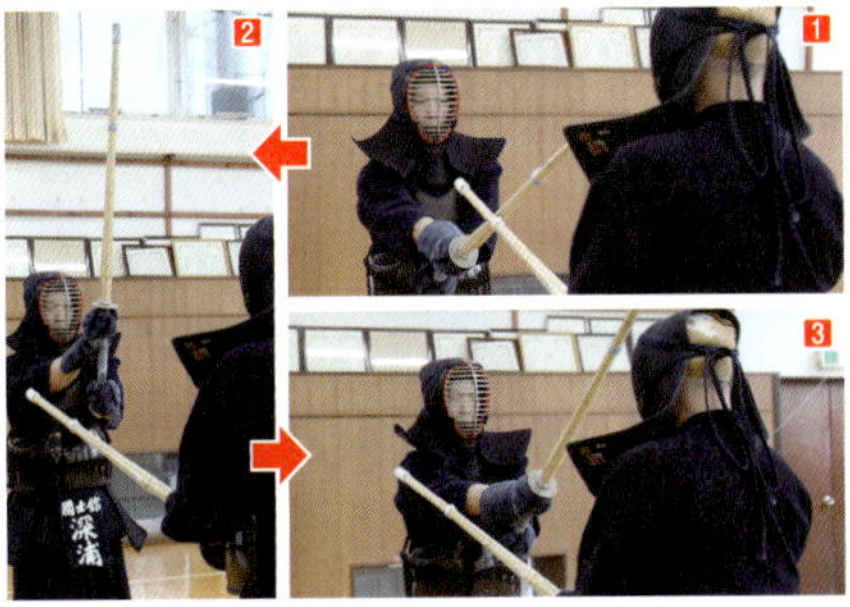

ポイント3 すり上げから打つまでを一連の動作で素早く打つ

ポイント2で相手の竹刀をすり上げるが、このときはすり上げたとしても相手の竹刀は大きく中心から外れることはない。そのため、面を打ちにいくときは、すり上げから打つまでを素早く、小さく、そして鋭くおこなう必要がある。すべてが一連の動作でおこなわれることが重要だ。

指南+1 プラスワン

焦って手先だけで打ちにいかない

相手の剣先が大きく中心を外すわけではないので、焦って手先だけで打とうとしてしまうことがある。これでは一本にならないので、体全体で打つことを意識しておこう。また、すり上げたとき、自分の剣先が中心から大きく外れないよう注意しておくことも重要だ。

コツ No.41

胴　面返し胴（表）

下を攻めて面に隙を見せ、相手が面にきたら、応じて返し右胴を打つ

流れ

ポイント

1. 下から表裏を攻め面に隙があると思わせる
2. 右斜め前に捌きながら体の前で応じて右胴を打つ
3. 体の近くで受けてしまうとただ避けるだけになる

中段の構えから下を攻めると、面が空くため、相手には面に隙があると思わせることができる。そこで、**下から表裏を軽く押さえながら間を詰めていき、相手に面を打ち込んでこさせよう**。相手の面を**右斜め前に捌きながら応じ、一連の動作で右胴を打つ**。このときは、自分の体の近くで応じてしまうと、竹刀を返しにくくなるため、**手元を前に出し、体の前で応じる**といい。また、胴を打つときは、**左拳を右拳に引き寄せるようにすると返しやすく、刃筋正しい打ちにもつながる**ので覚えておこう。

ポイント1

下から表裏を攻め面に隙があると思わせる

先の気持ちで相手を攻める、剣先を下げて、下から表裏を攻めながら間を詰めていこう。表裏を攻めるときは、軽く押さえるようにしておく。これが強すぎると、相手がこなくなってしまう可能性が高くなる。剣先を下げることで、相手には面に隙があると思わせておくことも重要だ。

ポイント2

右斜め前に捌きながら体の前で応じて右胴を打つ

相手が面にきたら、右足を右斜め前に出しながら、体の前ですり上げるように相手の竹刀に応じよう。そして竹刀を返し、素早く右胴を打つ。相手の竹刀を返すときは、体の近くよりも、前で返す方が鋭く正しく打てる。体の近くだと、腕を使って竹刀を返さなければいけなくなるからだ。

ポイント3

体の近くで受けてしまうとただ避けるだけになる

ポイント2では、体の前で相手の竹刀を返すと解説した。もし、体の近くで相手の竹刀を受けてしまうと、竹刀を返すとき、写真のように腕を使って返さなければいけなくなるため、手元が中心を大きく外れるとともに、体が崩れてしまう。これでは次の打ちにいけず、ただ避けるだけだ。

指南+1 プラスワン

左拳を右拳に引き寄せると返しやすくなる

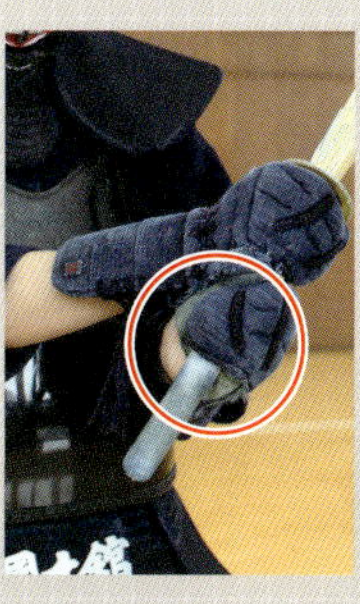

右胴を打つとき、左拳を右拳に引き寄せて打つことで、竹刀を返しやすくさせることができる。返しやすさは正確な打ちにもつながるため、ぜひ取り入れたい技術だ。試合の中で自然とこの動きができるよう、普段の練習から意識して身につけておこう。

胴　面返し胴（裏）

下から攻めて面に隙を見せ、手元を右斜め前に出して相手の面を返せば、左胴が打てる

流れ

ポイント

1. 先の気持ちで下を攻め面に隙があると思わせる
2. 手元を右斜め前に大きく出し竹刀の裏で応じる
3. 体を左に捌きながら剣先を時計回りに返して打つ

No.41では相手の下を攻めて面に隙があると見せかけ、相手に面にこさせておいて、それを表から返して右胴を打った。ここでは同様の方法で裏から返し左胴を打つ方法を解説しておく。

左胴を打つ場合は、相手の竹刀を返すとき、**手元を右斜め前方に出して竹刀の右側（裏）を使ってすり上げる**ように応じる。**体捌きは左**におこない、**時計回りに円を描くように竹刀を返そう**。左胴を打つときは前傾姿勢になりやすいので、**体勢を崩さないように注意**しておくことが重要だ。

ポイント1
先の気持ちで下を攻め 面に隙があると思わせる

No.41同様、先の気持ちで相手を攻めよう。攻めるときは剣先を下げて、下から表裏を攻めながら間を詰めていく。相手の竹刀を押さえながら攻めるが、あまり強く押さえすぎると、相手がこなくなる可能性が高いので、軽く押さえながら、面に隙があると思わせることが重要だ。

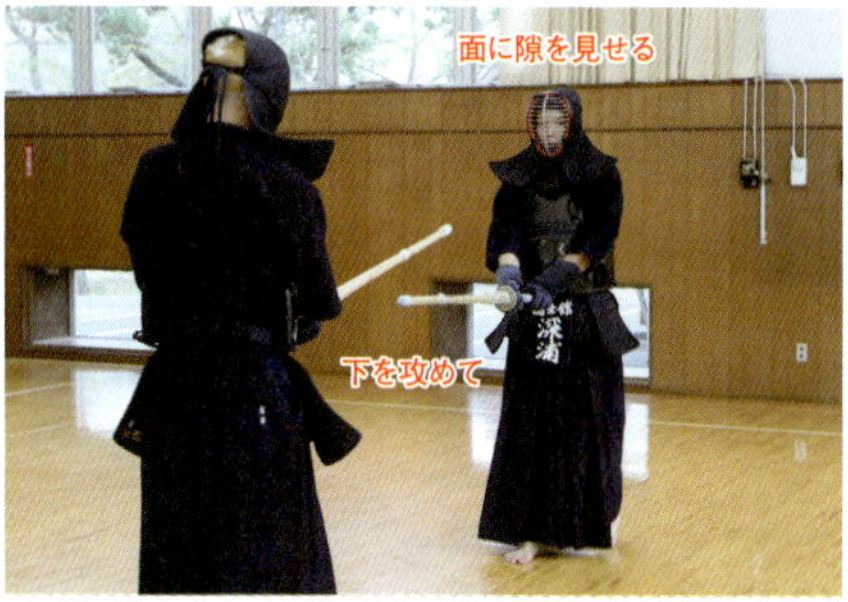
面に隙を見せる
下を攻めて

ポイント2
手元を右斜め前に大きく出し 竹刀の裏で応じる

相手が面に打ち込んできたら、自分の竹刀の右側（裏）を使い、すり上げるように応じよう。このときは、手元を返しながら右斜め前に大きく出して応じるといい。手元を前に出さず、自分の体の近くで応じてしまうと、相手の竹刀を返したあと、胴を打ちにくくなってしまう。

手元を
右斜め前に
大きく出す

ポイント3
体を左に捌きながら 剣先を時計回りに返して打つ

ポイント2で相手の竹刀を返したら、体は左足から左に捌きながら、剣先を時計回りに円を描くようにして竹刀を返し、相手の左胴を打つ。このときは手元は小さく、剣先は大きくを心がけよう。また、左に捌く動作と相手の竹刀に応じる動作は、バラバラではなく同時におこなう。

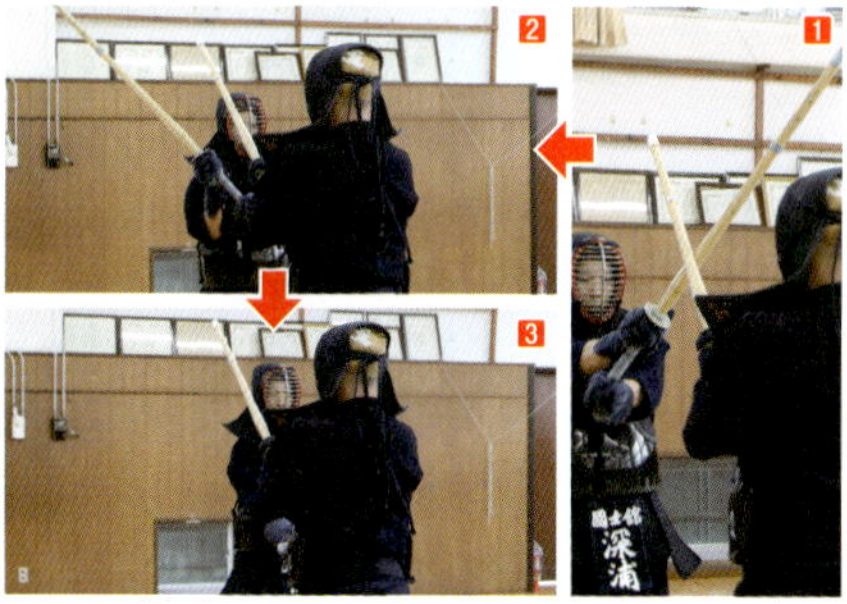
1
2
3

指南+1 プラスワン
防御の姿勢で返さず 前傾姿勢にも注意する

前傾姿勢に
ならないよう
注意する

防御の姿勢で相手の竹刀を返そうとしてしまうと、手元が自分の近くになり、竹刀が抜きずらくなる。相手の竹刀を前で捌いて返すことが重要だ。また、左胴を打つときは、前傾姿勢になりやすいので、体勢を崩さないように注意して打つことが大切だ。

コツ No.43

胴　面抜き胴（右胴）

面に隙があると見せかけておき、相手が面にきた瞬間を逃さず、右斜め前に捌きながら空を打たせて右胴を打つ

流れ

ポイント

1. 面に隙があると見せかけ相手に面を打ち込ませる
2. 相手が面を打ちにくる瞬間を逃さず右胴を打つ
3. 足捌きで右に捌きながら相手と平行になり右胴を打つ

No.41、42では相手に面にこさせておいて、面を返して胴を打つ方法を解説した。ここでは相手の面を抜いて胴を打つ方法を解説するが、こちらが**胴を打つ場合は、相手に手元を上げさせることが重要**だ。そのため、**下を攻めて面に隙があると思わせる**のは共通している。ただし、相手の面を抜く場合は、実は**相手が面を得意としている場合にこそ有効**と言える。

相手が面に打ち込んできたら、その瞬間を逃さず、**右足から右斜め前に出ながら、相手に空を打たせて右胴を打とう**。

ポイント1
面に隙があると見せかけ相手に面を打ち込ませる

胴を打つときは、相手の胴を空けさせる必要がある。そのため、面に隙があると思わせることが重要だ。そこで、先の気持ちで相手に攻め込み、下を攻めよう。剣先を下げ下を攻めることで、相手には面が見え、さらに攻め入れば、我慢できなくなり、面を打ってこさせることができる。

深浦
下を攻めて
面に隙があるように
見せる

ポイント2
相手が面を打ちにくる瞬間を逃さず右胴を打つ

ポイント1でこちらの攻めが効き、相手が我慢できずに面を打ち込みにきた瞬間を逃さず、手元が上がったところで右胴を打ちにいこう。ただし、手元が上がった状態を確認してからでは遅くなってしまう。タイミングとしては、相手の手元が上がる瞬間に右胴を打ちにいくくらいでいい。

深浦

ポイント3
足捌きで右に捌きながら相手と平行になり右胴を打つ

相手の右胴を打つ場合は、足捌きで右足から右斜め前に出ながら、相手に空を打たせることが重要だ。相手が面にくる瞬間を逃さず、瞬時に右に捌いて右胴を打つ。このとき、体が相手と平行になっていることが重要で、内側や外側に向いてしまうと正しい打突にならない。

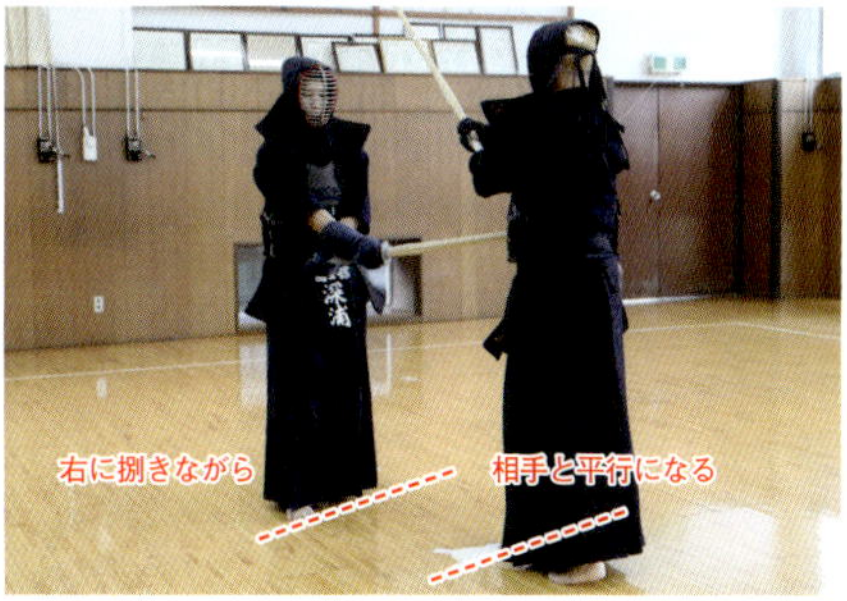
右に捌きながら
相手と平行になる

指南+1 プラスワン
上半身だけで抜かず足捌きで体全体で抜く

上半身だけで
抜こうとしない

相手の面を抜くとき、上半身だけで早く抜こうとせず、足捌きを使って体全体で抜かなければいけない。そのため、腰から素早く出ることを心がけよう。また、この技は面の得意な相手に対して有効だ。面が得意な人は面が早いので、返すよりも早く打てるからだ。

コツ No.44

胴　面抜き胴（左胴）

相手が面にきた瞬間、懐に飛び込むつもりで右足から前に出て左に捌けば、相手に空を打たせて左胴が打てる

流れ

ポイント

1. 相手の下を攻め面に隙があると思わせる
2. 懐に飛び込むつもりで入り一連の動作で左に捌く
3. 手元は体の前で小さく、体捌きで胴を打つ

No.43では相手の面を抜いて右胴を打つ方法を解説したが、同様に相手の面を抜き、左胴を打つこともできる。そのときの状況や自分の得意な体捌きなどを総合的に判断し、どちらで打つか決めよう。

　こちらが胴を打つ場合は、相手に手元を上げさせることが重要なので、**下を攻めて面に隙があると思わせる**必要がある。相手が面に打ち込んできたら、その瞬間を逃さず、**右足から一歩前に出ながら開き足で左に捌き、素早く左胴を打とう。右胴を打つときよりも、早めに捌く**ことが大切だ。

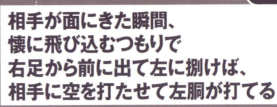

ポイント1

相手の下を攻め 面に隙があると思わせる

胴を打つときは、相手の胴を空けさせる必要があるので、面に誘う。そのため、先の気持ちで相手に攻め込み、下を攻めよう。剣先を下げ下を攻めることで、相手には面に隙があると思わせることができる。そしてさらに攻め入れば、我慢できなくなり、相手に面を打ってこさせる。

ポイント2

懐に飛び込むつもりで入り 一連の動作で左に捌く

相手が我慢できずに面を打ち込んでくる瞬間をとらえ、素早く体捌きをおこなう。右足から一歩前に出ながら、開き足を使ってすかさず左に捌こう。このときは相手の懐に飛び込むくらいのつもりで入り、左に捌くまでを一連の動作で素早くおこなわないと、面を打たれる危険がある。

ポイント3

手元は体の前で小さく、体捌きで胴を打つ

左に捌きながら、左胴を打つが、打つときに手元が大きく崩れないよう、自分の体の前で手元は小さくし、体捌きで右胴を打つくらいの気持ちでいよう。また、左に捌いたとき、上半身だけが左に逃げないように注意し、体の向きが相手と平行になるよう、正しく打つことを心がけておく。

指南+1 プラスワン

面抜き胴の表と裏はその状況で選ぶ

面抜き胴の裏表は、どのような状況のときに右胴を選び、どのような状況のときに左胴を選ぶのか、というのは断言できない。相手の癖やその瞬間の状況、または自分の得意とする方向など、さまざまな要素を瞬時に、総合的に判断し、どちらを選ぶか決めよう。

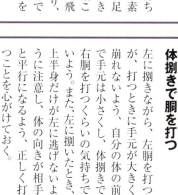

面　突きすり上げ面（表）

表から攻め入り、剣先を右に開いて突きを意識させ、突きを誘ってすり上げれば半歩踏み込んで面が打てる

流れ

ポイント

1. 表から攻め入り剣先を右に開く
2. 表から竹刀をすり上げ、左足の引き付けと同時に正面を打つ
3. 打つまでを一連の動作でおこない竹刀は大きく振りかぶる

相手に技を出させておいて、それをすり上げてこちらが打突するすり上げ技は、相手の突きに対しても有効だ。表からの突きをすり上げ、表から突く場合は、中段の構えで表から攻め、**剣先をやや右に開いて、相手が中心を取っていると思わせる。**そして、突きを見せておいて誘い、**突きにきたら時計回りに半円を描くように、表からすり上げ、右足から半歩前に踏み出して正面を打て**ばいい。相手は突きにきているので、**一歩踏み出してしまっては、間が詰まりすぎて面が打てなくなる。**

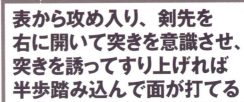

ポイント1　表から攻め入り剣先を右に開く

中段の構えから、先の気持ちで、相手に攻め込んでいこう。このときは表から攻め入るといい。そして剣先をやや右に開き、相手に中心を取らせておくと、突きを意識させることができる。相手には突きに隙があるように見せかけておいて、突きを誘うことが重要となる。

ポイント2　表から竹刀をすり上げ、左足の引き付けと同時に正面を打つ

ポイント1で突きを誘い、その誘いに乗じて相手がもろ手突きにきたら、時計回りに半円を描くように、相手の竹刀を表からすり上げよう。すり上げるときは、手元を前に出し、竹刀の中ほどから鍔元にかけての部分ですり上げる。そして右足から半歩前に踏み出して正面を打つ。

ポイント3　打つまでを一連の動作でおこない竹刀は大きく振りかぶる

ポイント2で相手の竹刀をすり上げて正面を打つまでは、一連の動作でおこなうことが重要だ。いわゆる「ながら運動」で、すり上げながら踏み出しながら打つ、ということだ。また、技が小さくならないよう、すり上げた後は、竹刀を大きく振りかぶるよう意識しておくといい。

指南+1（プラスワン）　右足を半歩踏み出て素早く左足を引き付ける

ポイント3では右足を半歩前に踏み出しながら打つと解説した。しかし当然のことだが、左足を引き付けなければいけない。右足を半歩前に踏み込んだら、素早く左足を引き付けながら面を打つ、というイメージを持っておこう。これがないと、正しい打突にならない。

面　突きすり上げ面（裏）

裏から攻め入り、剣先を下げて突きを意識させ、突きを誘ってすり上げれば半歩踏み込んで面が打てる

流れ

ポイント

1. 裏から攻め入り剣先を下にさげて誘う
2. 裏から竹刀をすり上げ半歩前に出て正面を打つ
3. 剣先を下げておく方が裏からはすり上げやすい

No.45では表から攻めて、相手の突きを誘い、それを表からすり上げて面を打ったが、裏から攻めて突きを誘い、裏からすり上げて面を打つこともできる。裏からすり上げる場合は、**中段の構えから裏から攻め、剣先を相手よりもやや下にする**といい。こうすることで、相手に突きを意識させることができると同時に、すり上げるときも、**自分の剣先が相手の剣先よりも下にある方がすり上げやすい**からだ。そして、相手が突きにきたら、**反時計回りに半円を描くようにしてすり上げて面を打つ。**

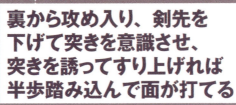

ポイント1 裏から攻め入り剣先を下にさげて誘う

No.45の表からのすり上げとは逆に、中段の構えから、先の気持ちで、裏から攻め込んでいこう。このときは、剣先を相手よりもやや下にしながら攻めるといい。剣先を下にすることで、相手には突きに隙があるように見せることができ、意識させることができるからだ。

ポイント2 裏から竹刀をすり上げ半歩前に出して正面を打つ

ポイント1で相手が誘いに乗じてもろ手突きにきたら、反時計回りに半円を描くように、相手の竹刀を裏からすり上げる。また、すり上げる動作と同時に、右足から半歩前に出して相手の正面を打つ。ここで大きく前に出てしまうと、間が詰まりすぎるので注意しよう。

ポイント3 剣先を下げておく方が裏からはすり上げやすい

ポイント2で相手の竹刀を裏からすり上げると解説したが、表からのすり上げとは違い、竹刀を開くのではなく、下にさげると解説した。これは、裏からすり上げる場合、開いておくよりも、相手の剣先よりも低い位置からの方が、よりすり上げやすい、という理由があるからだ。

指南+1 プラスワン

表裏どちらの場合も手首を柔軟にしておく

相手の突きをすり上げる場合、表裏どちらからであっても、半円を描くようにおこなうことが重要だ。ただし、表の場合は時計回りに、裏からの場合は反時計回りにおこなう。また、表裏ともに、手首を柔軟にしておくことが大切で、力が入っていると、すり上げにくい。

剣道上達の心得 －3－

交剣知愛

「剣を交えておしむを知る」と読まれ、愛は惜別、大切にして手離さないということを意味する。剣道は単に竹の棒で打ち合うのではなく、互いに理解し合い人間的な向上をはかることを教えた言葉。一度稽古した人に、また稽古をお願いしたいと思われるような剣道をするよう心掛けよ、という意味。

四戒

剣道の四戒は驚、懼、疑、惑のこと。驚は予期せぬことが起こり、動揺してしまうこと。懼は恐怖心で、心身が硬直し十分な活動ができなくなること。疑は疑いを持ち、注意力が停滞してしまうこと。惑は惑い、敏速な判断ができなくなること。このような心の動きを起こさぬよう、修行する必要がある。

剣心一如

剣は人なり、剣は心なりといわれる。剣と心は一元的なもので、剣は心に従って動くという考え。剣が心によって変わってくるのであれば、剣の正しい修行をすることで、正しい心を磨く結果になり、正しい心を磨くためには、正しい剣の修行が必要であるという教え。

第四章

引き技で打つ

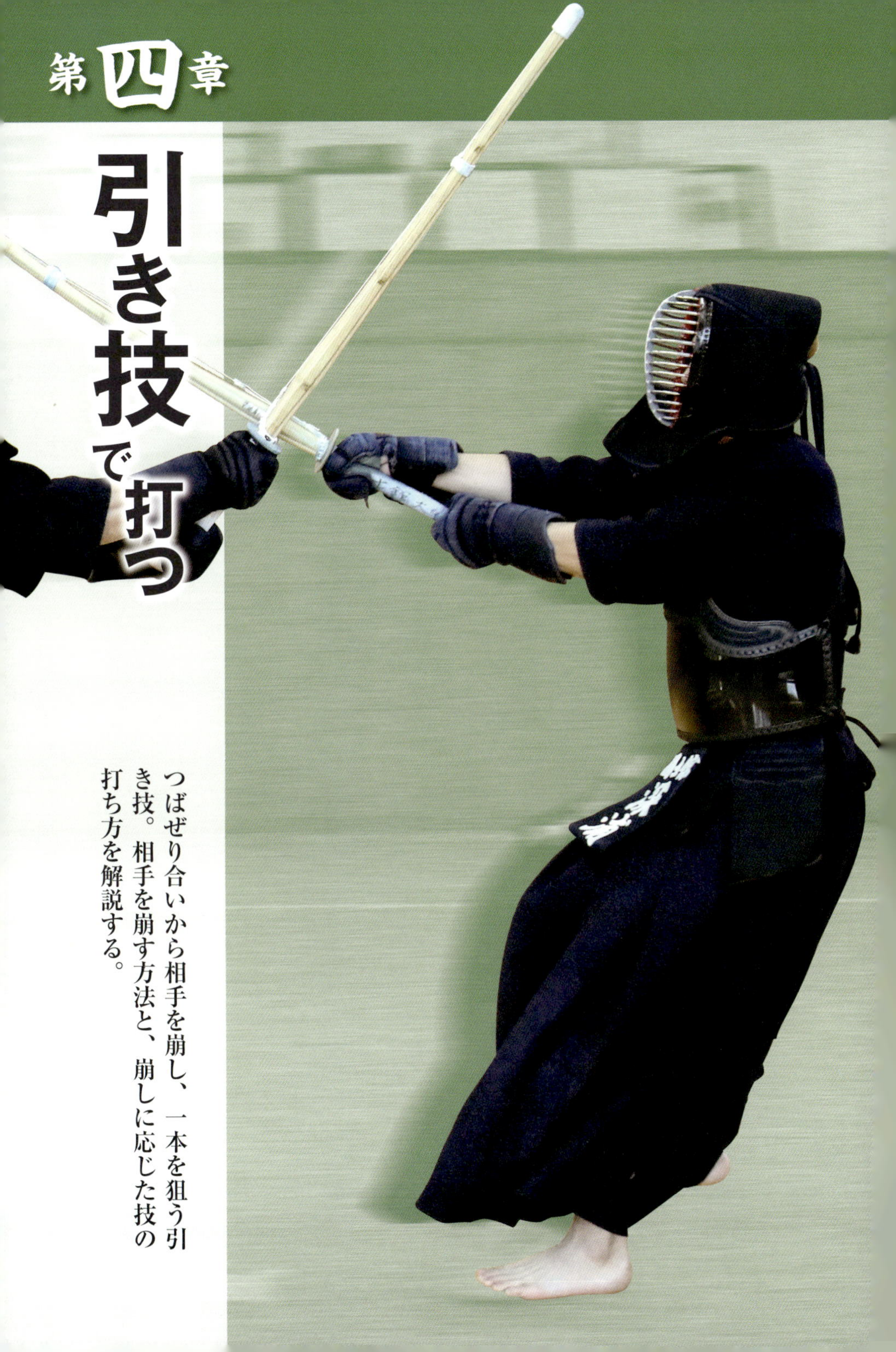

つばぜり合いから相手を崩し、一本を狙う引き技。相手を崩す方法と、崩しに応じた技の打ち方を解説する。

コツ No.47

面　引き面

つばぜり合いから相手を自分から見て右に押して、戻す力を利用して左に崩せば、引いて正面が打てる

流れ

ポイント

1. 相手を左右に崩しながら機を見て引き面を打つ
2. 右に押して、戻す力を利用して左に崩す
3. 相手を大きく崩したら引きながら正面を打つ

試合でつばぜり合いから瞬時に引いて面を打つ引き面。しかし、単に引いただけで打つのは難しい。つばぜり合いから相手を崩し、崩れた瞬間に引いて打たなければいけない。そこで、つばぜり合いになったら、**相手を左右に崩すことを考えよう。**機を見て**相手を右に押し、それを嫌がり相手が戻そうとする力を利用して左に崩せば、相手を大きく崩すことができる。**その瞬間を逃さず、**左足から後方に引き、右足を引き付けながら踏み込んで正面**を打てば、一本を取ることができる。

ポイント1 相手を左右に崩しながら機を見て引き面を打つ

つばぜり合いの状態から、相手を左右に崩しながら好機を作ろう。つばぜり合いで相手を崩すときは左拳の位置をなるべく中心から外さないように注意しながら、腕や上半身だけではなく、腰を入れて左右に崩していく。これを何度か続け、機を見て引き面を打ちにいくといい。

ポイント2 右に押して、戻す力を利用して左に崩す

自分から見て右（相手は左側）に押し、相手がそれを嫌がり戻ろうとするところで、その力を利用して逆側、つまり左側（相手を右側）に崩すと、ただ単に押して崩すよりも崩しやすくなる。相手が大きく左に崩れたら、この瞬間を逃さず引いて正面を打ちにいけばいい。

ポイント3 相手を大きく崩したら引きながら正面を打つ

ポイント2で相手を大きく左に崩したら、左足から後方に引きながら、右足も引き正面を打つ。このときは、一連の動きを瞬時におこなうことが重要だ。また右足を引くとき、ただ引くだけでなく、踏み込むように着地させる意識を持っておくと、面が打ちやすくなるので覚えておこう。

指南+1 プラスワン

引き技は強く大きく早くが基本

引き技は大きく早く、そして強く打つことで一本になる可能性が格段に高くなる。そのため、手の内を充分に働かせて、振りが小さくならないよう、しっかりと振り上げて打つことを心がけよう。**ポイント3**でも触れたとおり、右足の着地を意識しておくといい。

コツ No.48

面 | 引き面

つばぜり合いから相手を自分から見て左に押して、戻す力を利用して右に崩しても、引いて正面が打てる

流れ

ポイント

1. 鍔元を使って相手を左右に崩して機を見る
2. 左に押して、戻す力を利用して右に崩す
3. 一連の動作で相手と正対し正しく打つ

No.47では相手を左に崩して引いて正面を打ったが、これと逆に、右に崩しておいて正面を打つ方法もある。そのときの状況や相手の反応、またはつばぜり合いになったときの駆け引きなどを考慮し、どちらで打つか決めよう。

相手を右に崩す場合も、**つばぜり合いから一旦相手を左に押し、押し返してくる力を利用して右に崩す**といい。相手を大きく崩したら、**その瞬間を狙い一連の動作で引いて正面を打つ**。引き技は**体勢が崩れやすいので、崩れないよう意識しておく**ことも重要だ。

ポイント1 鍔元を使って相手を左右に崩して機を見る

No.47同様に、つばぜり合いの状態から、鍔元を使って相手を左右に崩しながら好機を作ろう。左拳の位置をなるべく中心から外さないように注意し、腕や上半身の力に頼るだけでなく、腰を入れて左右に崩していく。これを何度か続け、機を見て引き面を打ちにいくといい。

ポイント2 左に押して、戻す力を利用して右に崩す

No.47とは逆に、自分から見て左（相手を右側）に押し、相手がそれを嫌がり戻ろうとするところで、その力を利用して逆側、つまり右側（相手を左側）に崩すと、ただ単に押して崩すよりも崩しやすくなる。相手が大きく右に崩れたら、その瞬間を逃さず引いて正面を打つ。

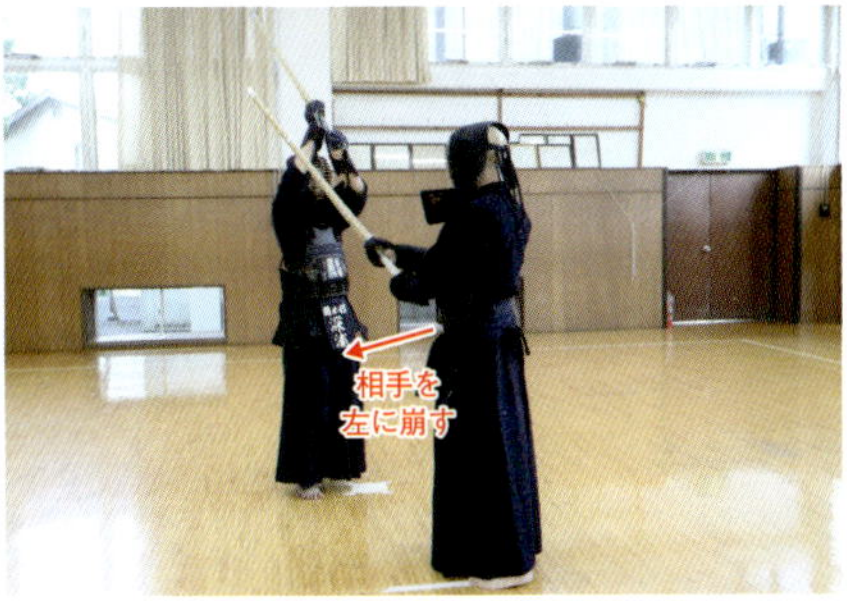

ポイント3 一連の動作で相手と正対し正しく打つ

ポイント2で相手を大きく右に崩したら、左足から後方に引きながら、右足も引き正面を打つ。一連の動作でおこなうとともに、右足を引くとき、踏み込むように着地させる意識を持っておこう。また、上体だけで振るのではなく、相手に正対し、正しい振りで打つことを心がけよう。

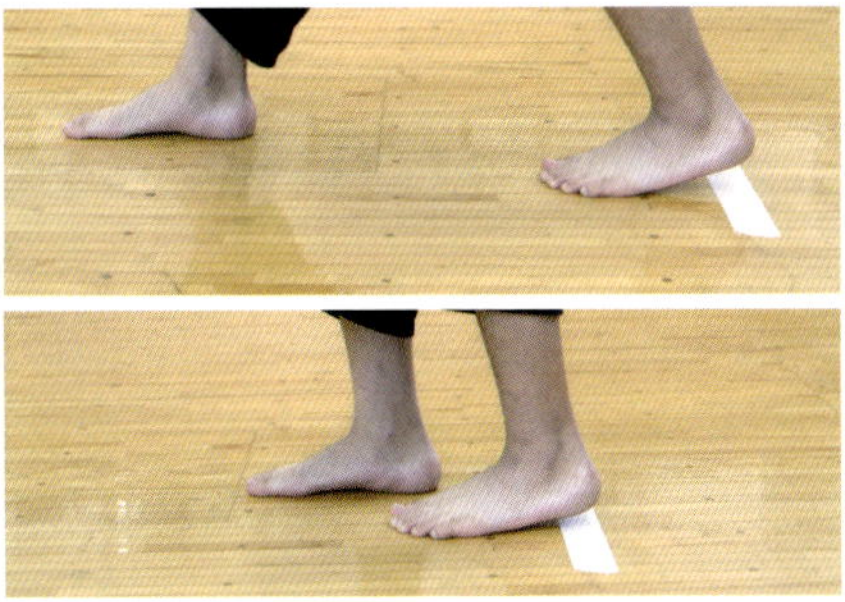

指南+1 プラスワン

体勢が崩れやすいので普段から練習しておく

引き技は、接近した状態から後退して出す技なので、体勢が崩れてしまうことが多い。体勢が崩れていては一本にならないので、普段の練習でも、体勢を崩さずに引く練習や、引きながら体勢を崩さずに打つ練習を重ねておき、実践で使えるレベルにしておこう。

つばぜり合いから相手を前後に押したり引いたりして、押し返してくる力を利用して引きながら面を打つ

流れ

ポイント

1. 鍔元を使い足捌きも使いながら前に押したり引いたりしてみる
2. 相手を前に押して押し返す力を利用する
3. 一連の動きは、すべて「ながら運動」でおこなう

No.47、48では、相手を左右に崩して引き面を打ったが、左右ではなく前に押したり後ろに引いたりしながら機を作り、引き面を打つこともできる。

つばぜり合いから手元を前方に押したり、逆に引いたりするが、上体だけでなく、**足捌きも用いて相手を崩そう**。相手が押し返してきたら、その瞬間を逃さず**左足を後方に引き、右足を引き付けると同時に面を打つ**。引き面は真っ直ぐ下がるため、有効打突にならないと攻撃されやすいので、**打ったあとは素早く間を切ろう**。

ポイント1 鍔元を使い足捌きも使いながら前に押したり引いたりしてみる

No.47、48では、相手を左右に押して機を作ったが、ここでは前に押してみたり、逆に引いてみたりしながら好機を作ろう。左拳の位置をなるべく中心から外さないように注意し、腕や上半身の力に頼るだけでなく、腰を入れ足捌きを用いて前後に崩していく。これを何度か続けてみよう。

ポイント2 相手を前に押して押し返す力を利用する

何度か前に押したり引いたりして機を見るが、手元を前方に強く押して、相手が押し返してきた瞬間を狙って、相手が押し返してくる力を利用して左足から後方に引こう。右足も引きながら、面を打つが、引いた右足を着地させるとき、踏み込むと引き面が打ちやすくなる。

ポイント3 一連の動きは、すべて「ながら運動」でおこなう

ポイント2で相手が押し返してくる力を利用すると解説した。このとき、相手が押し返してくるのと同時に左足を後方へ引き、右足を引きながら面を打つまでの動作は、一連の流れでおこなわれるようにしなければいけない。剣道では「ながら運動」が大切であると肝に銘じておこう。

指南+1 プラスワン

有効打突にならないときは素早く送り足で間を切る

引き面は相手に対して真っ直ぐに下がるため、有効打突にならなかったとき、逆に攻撃されやすいと言える。そのため、打ったら素早く送り足で下がり、相手との間を切ることを心がけておこう。相手からの攻撃は、小手や突きに注意しておきたいところだ。

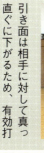

相手を左に崩して押し返してくる力を利用し、左後方に捌けば、引きながら右小手が打てる

流れ

ポイント

1. 鍔元を使い、体全体で相手を左右に崩す
2. 相手の押し返す力を利用して左斜め後方に捌く
3. 右足を引き付けながら右小手を小さく素早く打つ

引き面でも同じだが、引き小手を狙う場合も、相手を左右に崩すというのは基本だ。

つばぜり合いから鍔元を使って相手を左右に押して崩し、**左に崩したとき相手が押し返してくる瞬間を逃さずに、左足を左斜め後方に引いて体を捌く**。これで小手を打つ間合いが作れるので、**右足を引き付けながら小さく素早く、上から下に真っ直ぐ振り下ろして小手を打とう**。左に捌くことで、相手の小手もより見やすくなる。相手の手元を崩すときは、手先だけでなく体全体で崩すことが大切だ。

ポイント1 鍔元を使い、体全体で相手を左右に崩す

引き面を狙うときでも、相手を左右に崩すが、引き小手を狙うときも、まずは相手を左右に押して崩すことを考えよう。つばぜり合いから鍔元を利用して、相手を左右に押して崩し、様子を見ながら引き小手の好機を作る。腕だけでなく、体全体を使って相手を崩そう。

ポイント2 相手の押し返す力を利用して左斜め後方に捌く

好機と判断したら、相手を自分から見て左（相手を右側）に崩し、相手が押し返してきた瞬間を逃さず、左足を大きく左斜め後方に捌く。引き面と違い、左に捌くことで相手の小手がよく見えるようになり、後方に捌くことで、小手を打つ間合いを作ることができるようになる。

ポイント3 右足を引き付けながら右小手を小さく素早く打つ

ポイント2で左足を左斜め後方に捌いたら、右足を引き付けると同時に相手と正対して右小手を打つ。小手を打つときは上から下にまっすぐ振り下ろすことを心がけると同時に、手元を小さく素早く打つことが重要だ。力強い打ちにするためには、引き付けた右足は踏み込むといい。

気力充分で正しく力強い打ちを心がけておく

引き小手に限らず、引き技全般に共通して言えることだが、引き技というのは、なかなか一本になりにくいものだ。そのため、有効打突にしたければ、正しく力強い打突はもちろんだが、中途半端な気持ちで打ったりせず、気力充分に、しっかり決めることが大切だ。

コツ No.51

小手 引き小手

相手を前に押したり引いてみて、前に押したとき、押し返してくるその力を利用すれば、引きながら右小手が打てる

流れ

ポイント

1. 鍔元を使い、体全体で相手を前後に崩す
2. 押したとき相手がすぐに押し返してきた瞬間を狙う
3. 左足からやや左斜め後方に引き連動して右小手を打つ

No.50では相手を左右に崩して引き小手を打つ方法を解説したが、相手を前後に崩し、そこから引き小手を打つこともできる。

つばぜり合いから、**鍔元を使い相手を前方に押したり引いたりしてみる**。このときは、腕だけでなく**足捌きも用いよう**。そして**前方に大きく押したとき、相手が押し返してくるなら、その瞬間は相手の手元が崩れている**状態なので、そこを逃さず、**左足から左斜め後方に引き、右足を引き付けながら連動して小手を打つ**と、一本を取ることができる。

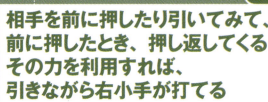

ポイント1 鍔元を使い、体全体で相手を前後に崩す

No.50では相手を左右に崩したが、ここでは前方に押したり引いたりを何度か繰り返し、機を作ろう。つばぜり合いから鍔元を利用して、相手を前後に押して崩し、様子を見ながら引き小手の好機を作る。腕だけでなく、足捌きを用いて体全体を使って相手を崩すことが重要だ。

ポイント2 押したとき相手がすぐに押し返してきた瞬間を狙う

ポイント1で何度か押したり引いたりしておきながら、機を見て相手を前方に強く押そう。相手が押し返してきたら、その押し返してくる力を利用して、すかさず左斜め後方に捌きながら小手を打とう。相手が押し返してきた瞬時を狙えば、相手は手元が崩れているはずだ。

ポイント3 左足からやや左斜め後方に引き連動して右小手を打つ

相手が押し返してきたら、その瞬間を逃さず、左足から足捌きで素早くやや左斜め後方に引き、それと同時に右小手を打ちにいこう。このときは、左足右足と捌きながら、連動するように小手を打つ。右足は着地させるとき、踏み込むようにイメージを持っておくと、強い打ちがおこなえる。

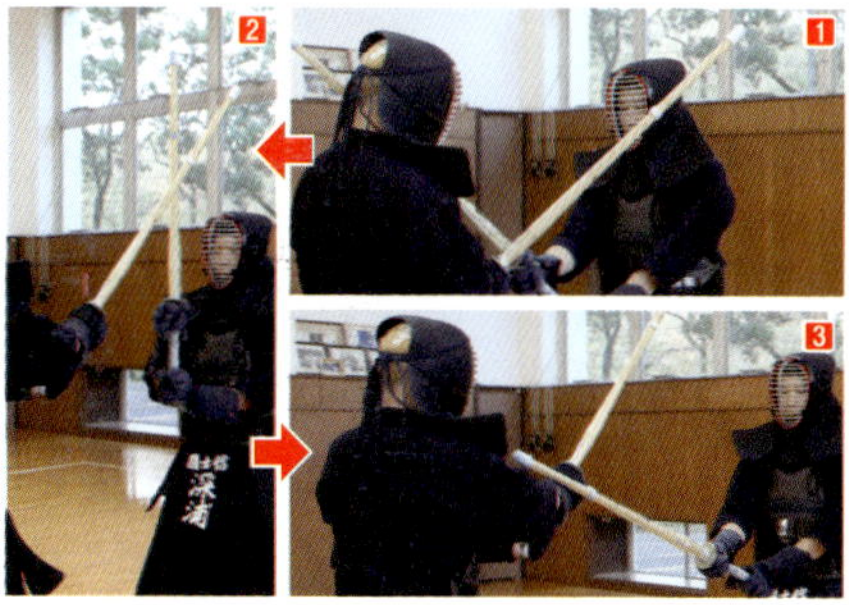

指南+1 プラスワン 手元は小さく剣先は大きく

技は小さく素早くおこなうことを心がけておこう。技、つまり振りかぶりから振り下ろすまでが大きくなってしまうと、チャンスを逃すことになる。また、打ちそのものが弱くならないよう、剣先をしっかり振ることを心がけ、手元は小さく剣先は大きくを実践しよう。

小手　引き小手

相手の力が抜けた瞬間、左拳で相手の右拳を右斜め上に跳ね上げて手元を崩せば、左斜め後方に捌いて小手が打てる

流れ

ポイント

1. 相手を前後左右に崩し好機がくるのを待つ
2. 相手の力が抜けた瞬間を狙う
3. 自分の左拳で相手の右拳を右斜め上に跳ね上げる

つばぜり合いから引き小手を打つ方法はいくつかあるが、ここでは本書の監修者である右田氏が高校時代によく実践した、効果的な引き小手の打ち方を解説しよう。

つばぜり合いになったら、左右と前後に相手を崩しながら、機を作る。そうしていると、瞬間的に**相手の力が抜けることがあるので、その瞬間を逃さず、自分の左拳で相手の右拳を右斜め上に跳ね上げて崩す**。それと同時に**左足から左斜め後方に体を捌き、剣先を返し技の要領で半円を描きながら右小手を打てばいい**。

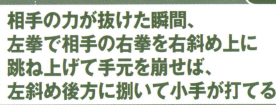

ポイント1 相手を前後左右に崩し好機がくるのを待つ

No.50のときと同様に、つばぜり合いになったら鍔元を使って相手を左右に崩そう。また、左右だけでなく、前に崩す動きも入れておくといい。こうして何度か前後左右に相手を崩しておき、相手の癖を見ながら好機がくるのを待つ。腕だけでなく、体全体で相手を崩すことを忘れずにおこう。

ポイント2 相手の力が抜けた瞬間を狙う

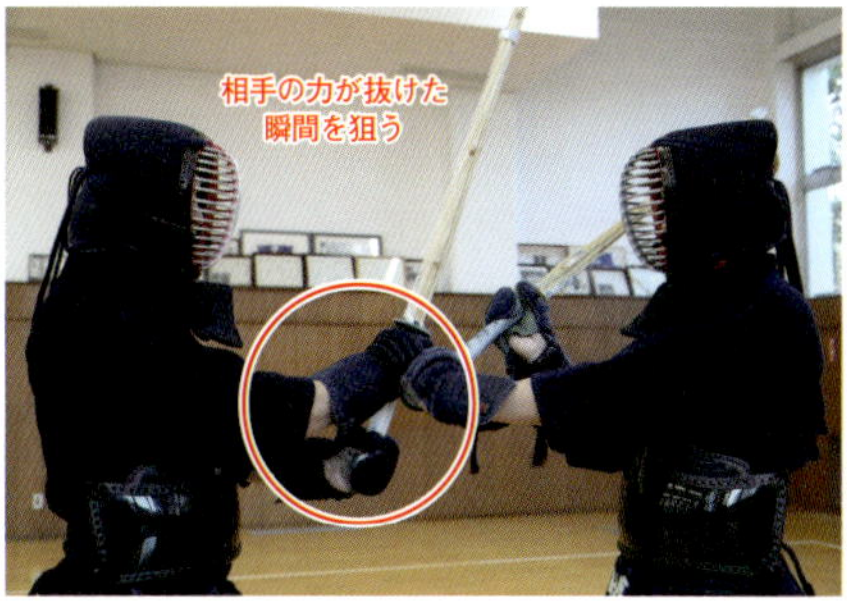

ポイント1で好機を待つが、つばぜり合いをしていると、相手の力が瞬間的に抜けることがある。相手にそのような癖があると判断したら、何度か相手を崩したりしながら、タイミングを見はかろう。そして、力が抜けた瞬間を狙えば、相手の手元を崩すことができる。

ポイント3 自分の左拳で相手の右拳を右斜め上に跳ね上げる

相手の力が抜けた瞬間がきたら、そのタイミングを逃さず、自分の左拳で相手の右拳を右上に跳ね上げる。テコの原理を応用して、左拳と右拳の間を支点として左拳を上げながら右拳を下げると、より力が加わる。その後、すぐに左足から斜め後方に捌き、右小手を打とう。

指南+1 プラスワン

相手の右拳を跳ね上げたら返し技のように竹刀を返す

ポイント3で相手の右拳を跳ね上げたら、剣先が振りかぶっているのと同じような状態になる。そこで、返し技の要領で、そのまま半円を描き、頂点から剣先を下におろしていこう。また、打つときは体が左に開きやすいので、開かないよう意識しておくことも大切だ。

相手を左斜め下に崩し、押し返す力を利用して手元を上げれば、瞬時に引いて胴が打てる

流れ

ポイント

1. 相手を左右に崩しながら打つ機会を作っていく
2. 相手の手元を左斜め下に崩し戻る力を利用して上げさせる
3. 相手の手元が上がったらすかさず後方に捌いて打つ

つばぜり合いから引き胴を打つには、引いたとき相手に手元を上げさせる必要がある。そこで、つばぜり合いになったら、鍔元を使い相手を左右に崩しながら打つ機会を作っていくことを考えよう。

機を見て**相手を右側から左斜め下（相手を右斜め下）に大きく崩して押さえると、相手は押し返してこようとするので、その力を利用して手元を上げさせればいい**。瞬時に**左足を後方に引きながら、右足を引き付けると同時に右胴を打つ**。相手の手元が上がる瞬間を打つので、素早くおこなおう。

ポイント1 相手を左右に崩しながら打つ機会を作っていく

つばぜり合いからの引き胴を狙う場合は、相手に手元を上げさせる必要がある。そこで、相手を崩すときは、まず相手を左右に崩しながら、打つ機会を作っていくことが重要だ。鍔元を利用し、腕だけでなく体全体を使って相手を左右に崩しながらチャンスを待つといい。

ポイント2 相手の手元を左斜め下に崩し戻る力を利用して上げさせる

相手を崩しながら、機と見たら、相手の手元を自分から見て左（相手を右）斜め下に大きく崩そう。下に崩して押さえられると、相手はそれを嫌がり、手元を元に戻そうとする。その押し返してくる力を利用して、相手の手元を空けさせれば、胴を打つことができる。

ポイント3 相手の手元が上がったらすかさず後方に捌いて打つ

ポイント2で相手の手元を上げることができたら、すかさず左足を大きく後方に引きながら、右足を引き付けると同時に右胴を打とう。剣先で円を描くように、上から斜めに右胴を打つ。注意しなければいけないのは、自分の体が必ず相手と正対した状態で打つということだ。

指南+1 プラスワン

上体が前屈みにならないようまた、横からの平打ちに注意

引き胴を打つとき、正しい姿勢で打つことを心がけ、上体が前屈みにならないよう注意しておこう。また、剣先で円を描くように右胴を打つとき、横から平打ちにならないように注意しよう。この方法であれば左右の胴が打てるので、状態に応じて打ち分けるといい。

コツ No.54

胴 引き胴

相手の手元を押し下げ、押し上げてくる力を利用して手元が上がった瞬間、後方に捌いて胴を打つ

流れ

ポイント

1. 相手を前後に崩しながらタイミングを見計らう
2. 相手の手元に圧力をかけ手元を押し下げる
3. 押し返してくる力を利用して後方に引いて胴を打つ

つばぜり合いから引き胴を打つとき、相手に手元を上げさせる方法はいくつかある。ここでは前方に押したり引いたりしながら崩し、機を見て相手の手元を上から下に押し下げ、押し返そうとする力を利用した引き胴の打ち方を解説する。**上に押し返そうと力を入れた瞬間、左足から左後方に捌きながら右胴を打つ**が、左斜め後方に捌くため、**相手との間合いが近くなる**。正確に物打ちで打つよう心がけるとともに、**状況によって、足捌きを大きくするなどして、間合いを調節しよう。**

ポイント1 相手を前後に崩しながらタイミングを見計らう

つばぜり合いから相手に手元を上げさせる方法はいくつかあるが、ここでは相手を前方に押したり引いたりしながら打つ機会を作る。鍔元を利用し、腕だけでなく足捌きも用いながら、体全体で相手を前後に崩していく。その中で、相手の手元を下に押し下げるタイミングを見計ろう。

ポイント2 相手の手元に圧力をかけ手元を押し下げる

ポイント1で相手を前後に崩しながら、機を見て相手の手元を上から下に押し下げよう。手元を押し下げるときは、両脇を締めてやや前傾姿勢になり、相手の手元に下方向への圧力をかけるようにするといい。ただし、このときは自分の姿勢を崩さないように注意しておこう。

ポイント3 押し返してくる力を利用して後方に引いて胴を打つ

相手が押し返してきたら、その力を利用して手元を上げさせる。左足から左後方に捌きながら引き、手元が上がった瞬間の右胴を狙おう。ただし、この場合は相手との間が近いことが考えられるので、状況を見て、足捌きを大きくするのか考え、適切な間合いが取れるよう捌く必要がある。

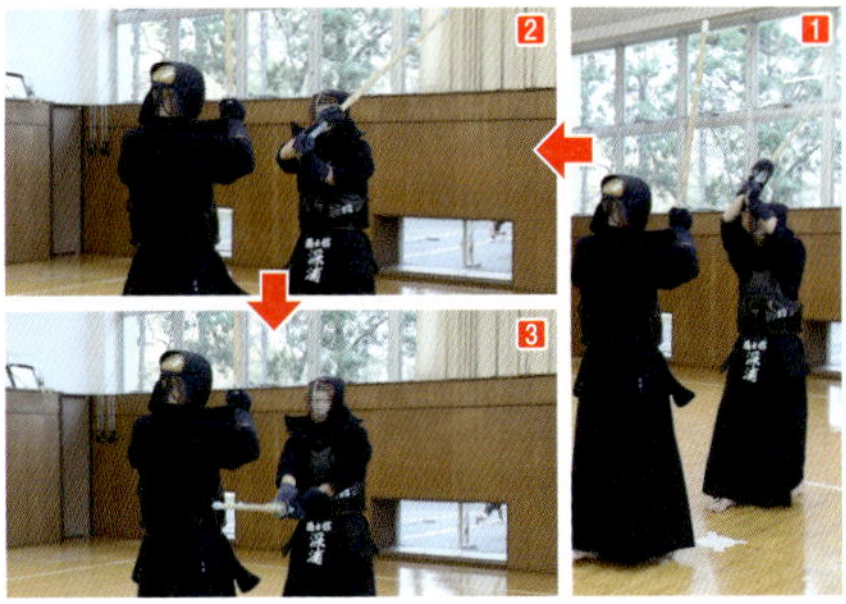

指南+1 プラスワン

間合いが近いため間の取り方に注意する

後方に引くとき、体勢が崩れないように注意するとともに、体捌きを素早くおこなうよう心がけておきたい。また、相手との間合いが近いので、横から平打ちにならないよう、正確に物打ちで打つように努めよう。状況によっては、間合いの取り方を変えることも必要だ。

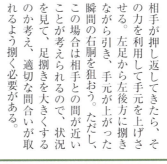

コツ No.55

胴 | 引き胴

つばぜり合いで相手の力が瞬間的に抜けたら、左拳で相手の右拳を跳ね上げ、手元を上げさせて右胴を打つ

流れ

ポイント

1. 押したり押し返されたりの中で力を抜いた瞬間を狙う
2. テコの原理を応用して左拳で相手の右拳を跳ね上げる
3. 相手の右拳を跳ね上げたら後方に捌きながら打つ

つばぜり合いから引き胴を打つ方法はいくつかあるが、ここでは本書の監修者である右田氏が高校時代によく実践した、効果的な引き胴の打ち方を解説する。つばぜり合いになったら、まずは**相手を左右に崩しながら打つ機会を作る**。何度か押したり押されたりを繰り返していると、**相手の力が瞬間的に抜けることがあるので、その瞬間を逃さず、自分の左拳で相手の右拳を上に跳ね上げて、構えを崩してしまえばいい**。その後は、**左後方に引きながら右胴を打つ**、通常の引き胴で一本が取れる。

ポイント1 押したり押し返されたりの中で力を抜いた瞬間を狙う

まずはつばぜり合いから、相手を左右に崩しながら打つ機会を作ろう。相手を押したり、押し返されたりを繰り返す中で、相手の癖や力の入れ具合などを見ておくといい。そうして、相手が瞬間的に力を抜くことがあるようであれば、この引き胴は効果的なので、その瞬間を狙うといい。

ポイント2 テコの原理を応用して左拳で相手の右拳を跳ね上げる

ポイント1で相手が力を抜くようであれば、その力が抜けた瞬間を逃さず、自分の左拳で相手の右拳を下から上に跳ね上げる。このときは、テコの原理を応用し、左拳と右拳の間を支点に右拳を下に引くと、左拳により力が伝わり、大きく跳ね上げることができるようになる。

ポイント3 相手の右拳を跳ね上げたら後方に捌きながら打つ

ポイント2で相手の右拳を跳ね上げたら、すかさず左足から大きく後方に体を捌き、右足を引き付けると同時に右胴を打とう。右足を引き付けるとき、胴を打つ動作になっていることが望ましい。そして体が相手と正対しているようにし、刃筋正しく右胴を打てば、一本を取ることができる。

指南+1 プラスワン

構えの柔らかい人にも効果的な方法

この方法は相手が瞬間的に力を抜いたときに有効だが、もともと、構えが柔らかい相手に対しても効果的だ。つばぜり合いになったら、相手が力強く構えるタイプなのか、柔軟に対応するタイプなのかも見ておこう。逆の言い方をすれば、力強く構えるタイプには不向きだ。

避けと捌きの違い

避けとは完全に技を防ぐことであり、相手の打突の防御姿勢と言える。完全に防御してしまう形であるため、体（姿勢）、構えが崩れてしまう。したがって、即座に自分の打突につなげることが不可能となる。

反対に捌きとは、体も手元も崩れず、最小限に相手の打突をかわすことをいう。そのため、即座に自分の打突につなげることができる。本書で解説したすり上げ技や返し技が捌きに該

●避け（防御の姿勢）の代表的な例❶

手元を上げて面と小手を隠し、剣先を下げて右胴を隠す防御方法。いわゆる三所隠しは、面・小手・右胴を防御する。あいている打突部位は左胴のみ。

当する。

　最近の剣道では、この防御の姿勢が非常に目立ち、お互いが相手の攻撃を完全に防いでしまうことから、なかなか勝敗が決しないことが多い。これでは正しい剣道につながらない。本来、剣道が求めているもの、剣道でいちばん難しいのは、相手の打突をいかに返して打つか、ということである。これこそが剣道の技術であり、このような『避け方』をしているようでは技術の進歩がなくなると言える。剣道のよさは、相手の打突に対し、すり上げ、返して打突することであり、そのような『玄妙な技』を追及せずして、よい剣道にはなり得ないと心得ておこう。

●避け（防御の姿勢）の代表的な例❷

手元を上げて面と小手を隠す防御方法。この場合は左右胴のみがあく。

国士舘大学が目指す剣道

～正しく強い剣道を目指すために～

正しく強い剣道とは、中心を外さないことです。正中線を取り、しっかり構え、下がらない剣道です。近年では上手い剣道をする人が目立ちます。上手い剣道をする人というのは、試合でも稽古でも、下がることがとにかく多い。かつて私たちが学生だったころは、先生と稽古しても、とにかく「下がるな」と教えられたものです。ですから、我慢して左足が大いに張りました。それで我慢して我慢して打突にいくと返されて打たれる。そのような厳しい稽古を繰り返さないと、地力ができていきません。幸いなことに剣道では昇段審査があります。この昇段審査では、上手く当てようとする剣道をする人が、まず受かることはありません。やはり正しく強い剣道をする人でないと受からないのです。相手から攻められたとき、剣道では、下がるのは一番楽なのですが、そこを我慢して下がらず、機会を見て打つことを考える。そのような心構えを忘れず、稽古などでは先生方に、思い切り打ち込んでいく。このような稽古を繰り返さなければ、地力のある正しく強い剣道にはなり得ません。

現在、全剣連（全日本剣道連盟）でも、『骨太剣道』という強い剣道を目指す方針が打ち出されています。これはまさに、国士舘大学が目指す『正しく強い剣道』と同じものです。

また、試合では、竹刀運びが速くなったから勝つわけではありません。体の動きが速くなったから勝てるわけではないのです。試合に勝つというのは、総合的なものです。間の取り方、打つ機会の上手い人です。間の取り方で言えば、相手からは遠く、自分からは近い間合いの取り方というものがあります。打つ機会は、相手が出ようとした瞬間、下がった瞬間、居ついた瞬間などを、しっかり捉えて技が出る人です。下手な人というのは、スピードがあっても打つ機会が悪いのです。ですから、返されて打たれてしまう。このような人は試合でなかなか勝てません。

剣道でいちばん大切なのは、間の取り方と打つ機会なのです。試合で勝つためには、そのようなことをしっかり勉強してほしいと思います。相手を先の気持ちで攻め、相手を崩しながら動揺して打ってきたら返して打つ、相手が下がったら、出ようとする瞬間を打つ。厳しい稽古と鍛錬を積み重ねないと、正しく強い剣道には到達できませんが、私たちは時間がかかっても正しく強い剣道を目指しています。

●監修

剣道教士八段

右田重昭（みぎたしげあき）

国士舘大学剣道部副部長

昭和 30 年生まれ。熊本県出身。
PL 学園高等学校卒業。国士舘大学体育学部卒業。
国士舘大学体育学部武道学科准教授。

主な剣歴

全日本都道府県対抗剣道優勝大会　優勝 1 回　3 位 1 回。
全国教職員剣道大会　団体優勝 3 回　2 位 1 回　3 位 2 回。
全日本選抜剣道八段優勝大会出場。
全日本東西対抗剣道大会出場。
寛仁親王杯八段剣道大会　3 位　優秀試合者賞 3 回。
全日本学生剣道優勝大会　優勝。
インターハイ団体　準優勝。
国民体育大会　3 位。

●撮影協力

深浦京輔

国士舘大学体育学部武道学科
剣道四段

STAFF

●企画・取材・執筆・編集
フレア

●写真
真嶋和隆

● Design&DTP
フレア

●監修
右田重昭
剣道教士八段
国士舘大学体育学部
　武道学科准教授
国士舘大学剣道部副部長

これで差がつく！
勝つ剣道　上達のコツ55　改訂版

2018年12月20日　第1版・第1刷発行

監修者　右田重昭（みぎた　しげあき）
発行者　メイツ出版株式会社
　代表者　三渡　治
　〒102-0093 東京都千代田区平河町一丁目1-8
　TEL：03-5276-3050（編集・営業）
　　　03-5276-3052（注文専用）
　FAX：03-5276-3105
印　刷　三松堂株式会社

ご意見・ご感想はホームページから承っております。

メイツ出版ホームページアドレス　http://www.mates-publishing.co.jp/

編集長：折居かおる　副編集長：堀明研斗　企画担当：大羽孝志／千代　寧

※本書は2014年発行の『これで差がつく！　勝つ剣道　上達のコツ55』を元に加筆・修正を行っています。